古写真を見て歩く
江戸・東京
歴史探訪ガイド

改訂版

メイツ出版

目次

古写真エリアマップ……P4

本書の見方・使い方……P7

江戸から東京へ――。中心を行く

01 道の起点は日本橋
日本橋……P8

02 人々の生活を守る金融街
京橋・八重洲……P16

03 文明開化を象徴する商業地
銀座……P22

04 一丁ロンドン
丸の内・日比谷……P28

05 海と繋がるまち
築地・佃島……P34

オアシスとして面影残す城の跡

06 江戸の名残感じる石垣
江戸城周辺……P40

07 都会のオアシス
お濠端……P48

08 江戸っ子のふるさと
神田……P54

09 幻の駅舎を訪ねて
秋葉原……P60

10 上水道の通り道
お茶の水……P66

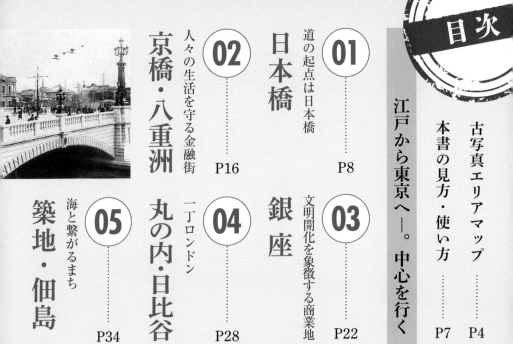

いつの世も、風光明媚な観光地

11 浅草
人通り絶えぬ観光名所 …… P72

12 向島
桜並木に彩られた花街 …… P80

13 両国
力士と才人を育む町 …… P86

14 上野
文化が香る森の公園 …… P90

15 隅田川
江戸っ子が愛した大川 …… P96

※本書に掲載している古写真は幕末・明治時代に撮影されたものです。また、現代写真、及び施設情報などは二〇二一年一月現在のものです。営業時間や定休日、利用料金、また交通事情などは変更される場合がありますので、事前にご確認ください。

海とともにある東京を感じる

16 芝・愛宕山
江戸東京随一の眺め …… P102

17 新橋
汽笛一声、新橋を …… P110

18 三田・麻布・赤坂
坂道が伝える街の歴史 …… P114

19 品川
風が運ぶ潮の香り …… P120

索引一覧 …… P126

奥付 …… P128

※本書は2012年発行の『古写真を見て歩く 江戸・東京 歴史探訪ガイド』の改訂版です。

古写真エリアマップ

古写真エリアの目安です。
詳しくは該当ページをご参照下さい。

いつの世も、風光明媚な観光地

11	12	13	14	15
浅草	向島	両国	上野	隅田川
P72	P80	P86	P90	P96

江戸から東京へ──。中心を行く

01	02	03	04	05
日本橋	京橋・八重洲	銀座	丸の内・日比谷	築地・佃島
P8	P16	P22	P28	P34

オアシスとして面影残す城の跡

06 江戸城周辺 P40
07 お濠端 P48
08 神田 P54
09 秋葉原 P60
10 お茶の水 P66

海とともにある東京を感じる

16 芝・愛宕山 P102
17 新橋 P110
18 三田・麻布・赤坂 P114
19 品川 P120

月刊江戸楽 編集部のご紹介

遊び心と粋な美意識があふれる「江戸」の伝統と文化。『江戸楽』は、江戸にまつわる様々な特集や、著名人による連載を通じて、江戸を学び、現代に活かすことができる暮らしの喜びや知恵を紹介する文化情報誌です。

お問い合わせ先
『江戸楽』編集部
〒 103-0024
東京都中央区日本橋小舟町 2-1
130 ビル 3F
TEL03-5614-6600
FAX03-5614-6602
a-r-t.co.jp/edogaku

あの頃、あの町の記憶を訪ねて――

明治時代の日本橋小舟町（P12 参照）
国立国会図書館蔵

ヨーロッパで発明された写真機は幕末に日本に輸入され、普及していった。本書では幕末から明治期の東京を写した写真を紹介し、その撮影場所と同様のアングルから撮影した現代写真も掲載する。二枚の写真を比較すれば、東京の姿が大きく変貌していることに驚くに違いない。空が広く、水路がめぐり、緑にあふれた江戸の記憶を受け継ぐ明治の東京。それから百年以上経た今、時を超え、空間を超えた東京散策へ出かけてみませんか。

明治時代の東京株式取引所（P13 参照） 国立国会図書館蔵

本書の見方・使い方

1・エリア

大まかなエリアを示します。

2・ルート

エリアをめぐる際に目安となる散策ルートの一例です。

3・今と昔の写真

そのエリアを象徴する古写真と、同様のアングルから撮影した現代の写真です。

4・地図

撮影スポットとアングルを示しています。

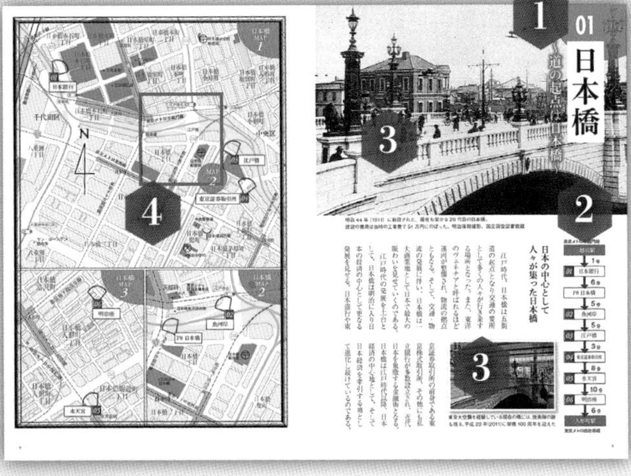

1〜2P

3P〜

5・今と昔の写真

幕末や明治期に撮影された古写真と、同様のアングルから撮影した現代の写真です。

6・ポイント

古写真に写る建物などを解説します。

7・Close UP

そのエリアの特に注目したい話題を掘り下げています。

※本書に掲載しているデータは、2012年発行の『古写真を見て歩く 江戸・東京 歴史探訪ガイド』を元に情報を更新したものです。

01 日本橋

～道の起点は日本橋～

明治 44 年（1911）に新設された、現在も架かる 20 代目の日本橋。
建設の費用は当時の工事費で 51 万円にのぼった。明治後期撮影。国立国会図書館蔵

日本の中心として人々が集った日本橋

江戸時代、日本橋は五街道の起点となり交通の要所として多くの人々が行き来する場所となった。また、東洋のヴェネチアと呼ばれるほど運河が整備され、物流の拠点ともなる。そして、交通・物流の発展に伴い、日本橋は一大商業地として日本で最大の賑わいを見せていくのである。

江戸時代の発展を土台として、日本橋は明治に入り日本の経済の中心として更なる発展を見せる。日本銀行や東京証券取引所の前身である東京株式取引所、その他にも私立銀行が多数設立され、近代日本を象徴する金融街となる。日本橋は江戸時代以降、日本経済の中心地として、そして日本経済を牽引する地として進化し続けているのである。

東京大空襲を経験している現在の橋には、焼夷弾の跡も残る。平成 23 年（2011）に架橋 100 周年を迎えた

東京メトロ半蔵門線

三越前駅
↓ 1 分
01 日本銀行
↓ 6 分
P8 日本橋
↓ 5 分
02 魚河岸
↓ 5 分
03 江戸橋
↓ 3 分
04 東京証券取引所
↓ 8 分
05 水天宮
↓ 10 分
06 明治座
↓ 6 分
人形町駅

東京メトロ日比谷線

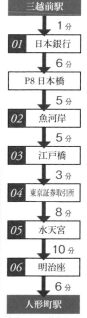

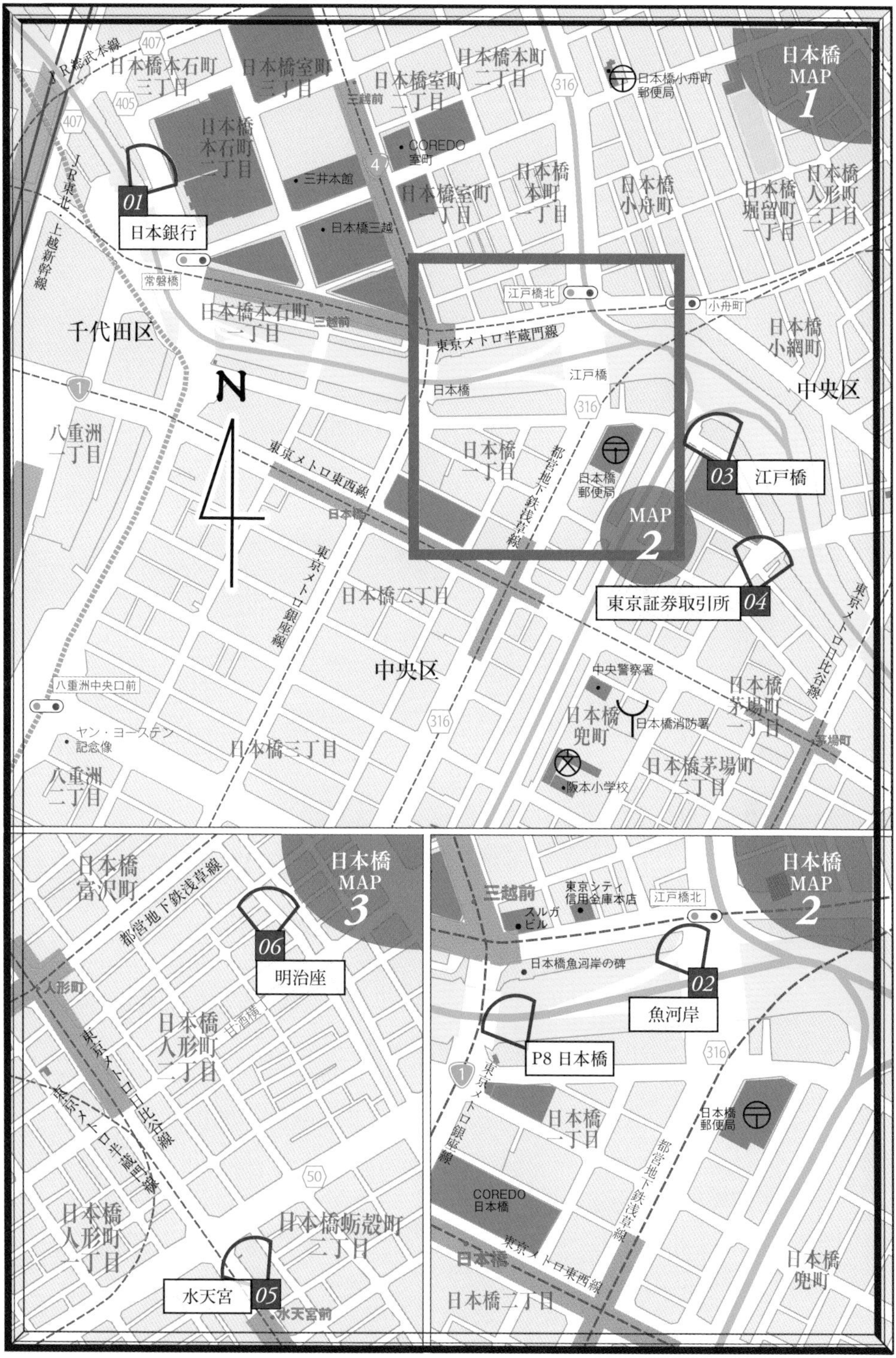
日本橋 MAP 1
JR総武本線
407
日本橋本石町 三丁目
日本橋室町 三丁目
日本橋本町 二丁目
日本橋室町 二丁目
三越前
316
日本橋小舟町 郵便局
405
407
日本橋 本石町 二丁目
COREDO 室町
三井本館
JR東北・上越新幹線
01 日本銀行
日本橋三越
日本橋室町 一丁目
日本橋 本町 一丁目
日本橋 小舟町
日本橋 堀留町 一丁目
日本橋 人形町 三丁目
常磐橋
江戸橋北
小舟町
日本橋本石町 一丁目
三越前
千代田区
東京メトロ半蔵門線
日本橋 小網町
N
江戸橋
日本橋
316
中央区
1
八重洲 一丁目
東京メトロ東西線
日本橋 一丁目
都営地下鉄浅草線
日本橋 郵便局
03 江戸橋
MAP 2
日本橋
東京メトロ銀座線
日本橋二丁目
東京証券取引所 04
東京メトロ日比谷線
中央区
中央警察署
八重洲中央口前
日本橋 茅場町 一丁目
日本橋 兜町
日本橋消防署
316
ヤン・ヨーステン 記念像
日本橋三丁目
茅場町
阪本小学校
日本橋茅場町 二丁目
八重洲 二丁目
日本橋 富沢町
都営地下鉄浅草線
日本橋 MAP 3
06 明治座
人形町
東京メトロ日比谷線
日本橋 人形町 二丁目
甘酒横丁
東京メトロ半蔵門線
50
日本橋 人形町 一丁目
日本橋蛎殻町 二丁目
水天宮 05
水天宮前
三越前
東京シティ 信用金庫本店
江戸橋北
日本橋 MAP 2
スルガ ビル
日本橋魚河岸の碑
02 魚河岸
P8 日本橋
316
1
東京メトロ銀座線
日本橋 一丁目
日本橋 郵便局
都営地下鉄浅草線
COREDO 日本橋
東京メトロ東西線
日本橋
日本橋 兜町
日本橋二丁目

01

日本銀行

明治15年（1882）に日本銀行は設立された。開業当時は永代橋の袂にあったが、交通の要所でもある日本橋の現在の地に明治29年（1896）に移転。日本の建設学界の第一人者である辰野金吾の設計で竣工され、現在では国の重要文化財に指定されている。

昔 之風景

左が日本銀行、右が東京火災保険株式会社。明治時代撮影。国立国会図書館蔵

日本橋川には舟が停泊している。関東大震災で焼失した丸屋根が見える。現在の丸屋根はその後修復したものである。

常盤橋公園から日本銀行方面を望む。ビルの窓の先には、その先の日本銀行の外観が見える

今 之風景

川の上には首都高速が走る。川岸にはビルが建てられており、日本銀行の姿は窓越しにしか見ることができない。

かつての江戸橋から魚河岸を眺めた風景。街道の拠点であり、水運の中心地でもあった日本橋は、江戸・東京の台所として賑わいを見せ、「日に千両」が動く場所とも言われた。その言葉を象徴するかのように岸には小舟が並んでいる。明治時代撮影。中央区立京橋図書館蔵

昔 之風景

02

魚河岸

徳川家康の江戸入府とともに大坂（大阪）の佃村の漁師を呼び寄せ漁業の特権を与え、魚を江戸城へ献上させた。その余りを庶民に販売するようになったのが日本橋魚河岸の始まりと言われている。この魚河岸は関東大震災まで続いていた。

今 之風景

現在の江戸橋から、日本橋魚河岸があった場所を写す。舟が行き交っていた日本橋川の上には首都高速道路が通り、かつて見えていた河岸の上に広がる空は見ることができず、ビルが背を向けて建ち並んでいる。

Close UP

日本橋
魚河岸の碑

江戸で最も活気のあった場所、日本橋魚河岸。現在は日本橋の脇にひっそりと「日本橋魚河岸の碑」が佇んでいる。

03

昔之風景

江戸橋

左手に架かる橋が江戸橋。中央奥に見える橋が荒布橋（あらめばし）である。江戸橋は明治8年（1875）に木橋から石橋に、荒布橋は翌年には石橋に架け替えられている。舟運として日本橋川が利用されていたことが分かる風景である。

写真右側には西堀留川沿いに並ぶ小舟町の蔵屋敷が見える。川沿いには白壁の土蔵が美しい蔵屋敷が並んでいた。現在では見ることのできない江戸の面影だ。明治時代撮影。中央区立京橋図書館蔵

今之風景

現在の江戸橋は、かつての江戸橋に比べ、60～70メートル上流に架けられている。これは、関東大震災の復興都市計画の一環として昭和通りが新設された際に移されたためである。ビルとビルの合間に、かつての荒布橋が架けられていた方角を見ることができる。

Close UP

浮世絵に見る江戸橋

江戸時代には美しい土蔵が並び、荷物を運ぶ舟が行き交っていた。広重「絵本江戸土産 江戸橋小網町」（中央区立京橋図書館蔵）

04 東京証券取引所

手前の建物が現在の東京証券取引所の前身、東京株式取引所。明治11年(1878)に設立された。その5年前の明治6年(1873)には日本初の銀行である、第一国立銀行が兜町に設立しており、兜町は日本の金融の中心地となっていく。

1999年に株式売買立会場が閉鎖され、「東証 Arrows」として生まれ変わった。コンピューター化により立会場に通っていた2千人の証券マンの姿はなくなり、また近隣の証券会社の社屋も多くが移転。それに伴いまちの風景も大きく変わった。

取引所の前を路面電車が走る。右手には日本橋川を挟み兜町と小舟町を結ぶ鎧橋。明治時代撮影。国立国会図書館蔵

現在はみずほ銀行小舟町支店となっている

鎧橋を渡った先の小舟町に明治9年(1876)に設立された第三国立銀行。みずほ銀行の源流の一つ、安田銀行の前身である。国立国会図書館蔵

今
之風景

日本橋蛎殻町に位置する水天宮。江戸時代から変わらず庶民の信仰を受け、今もなお、子どもの守護神、安産の神様として全国そして世界から参拝客が訪れる。戌の日には安産祈願をするために多くの人々が並ぶ。

Close UP

子宝犬

子犬を見つめる優しい眼差しの母犬。周囲に並ぶ自分の干支を撫でると子授けや家内安全、厄除けのご利益があるという。

05

昔
之風景

水天宮

九州・久留米市に本宮のある水天宮。江戸、赤羽根の久留米藩有馬家屋敷に祀られ、その後明治５年（1872）に現在の蛎殻町に移転された。境内は子どもを連れた和服姿の人々で大変な賑わいを見せている。

江戸時代、庶民の篤い信仰を集め、堀越しに賽銭を投げ入れる人が絶えず、毎月５の日に門戸を開放するようになったという。人々の信仰心はいつの時代も変わらない。明治時代撮影。中央区立京橋図書館蔵

06

昔
之風景

明治座

明治6年(1873)、喜昇座として開場したのが明治座の始まり。明治12年(1879)に大歌舞伎ができる大劇場を目指し大改築が行われ、久松座と改められた。その後、度重なる火災により焼失するが、明治26年(1893)に再建され明治座という名が付けられる。

明治26年(1893)に再建された明治座。伊井蓉峰一座の新演劇(新派)やシェークスピア原作「該撒(シーザー)奇談」などが上演され、日本の演劇界を牽引する存在になる。この建物は震災により再度焼失する。明治時代撮影。提供/株式会社明治座

Close UP

明治座の始まり、喜昇座

明治6年(1873)に開業した喜昇座の姿。その後の150年の歴史は日本の芸能文化の歴史とも言える。提供/株式会社明治座

明治6年(1873)、喜昇座として開業した地は、現在の久松警察署の南側。関東大震災で焼失するまでこの地にあった

今
之風景

過去5回災害・焼失を経験した明治座は平成5年(1993)に現在の18階建てのオフィスビルの中核に位置する形に建て替えられる。歌舞伎からミュージカルまで上演できる最新鋭の劇場となった。

02 京橋・八重洲
～人々の生活を守る金融街～

京橋は日本橋と同じ慶長８年（1603）に架けられた。写真は明治８年（1875）に石橋に改架された後の様子。鉄骨アーチの橋で、欄干は日本的な形。日本橋通りと銀座通りをつなぎ、橋の上には路面電車が走っている。明治時代撮影。国立国会図書館蔵

京に向け第一に渡る橋・京橋

「京橋」とは、道の起点である日本橋を京に向け出発し、第一に渡る橋であったために名付けられたと言われている。この橋には日本橋そして新橋とともに擬宝珠《ぎぼし》が飾られていた。江戸のなかで擬宝珠が施されていたのはこの三つの橋のみであることからも、江戸の中心の道であったことが分かる。

　この京橋から日本橋までの一帯は、日本の経済の中心地であった。そして現在の日本企業の礎とも言われる様々な金融関係の企業が生まれた場所でもある。明治時代に建設された西洋風の重厚感のある建物は姿を消したが、このオフィス街を歩けば、今も変わらぬ金融街であることを感じることができるだろう。

第二次世界大戦後、瓦礫処理のため京橋川は埋め立てられ、京橋も姿を消した

東京メトロ半蔵門線
三越前駅
↓ 1分
01 東京火災保険株式会社
↓ 2分
02 呉服橋
↓ 2分
03 東海銀行
↓ 1分
04 帝国生命保険株式会社
↓ 14分
P16 京橋
↓ 2分
京橋駅
東京メトロ銀座線

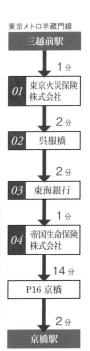

京橋
MAP
1
鍛冶橋
京橋エドグラン
15
八重洲
二丁目
ＪＲ京葉線
京橋
二丁目
京橋
東京スクエア
ガーデン
405
東京メトロ銀座線
316
兼松
ビルディング
国立映画
アーカイブ
京橋通郵便局
宝町
京橋
三丁目
信金中央金庫
京橋別館
都営地下鉄浅草線
東京メトロ有楽町線
幸稲荷
神社
銀座
二丁目
銀座通り口
P16 京橋
銀座一丁目
京橋消防署
銀座
一丁目
八丁堀
四丁目
新京橋

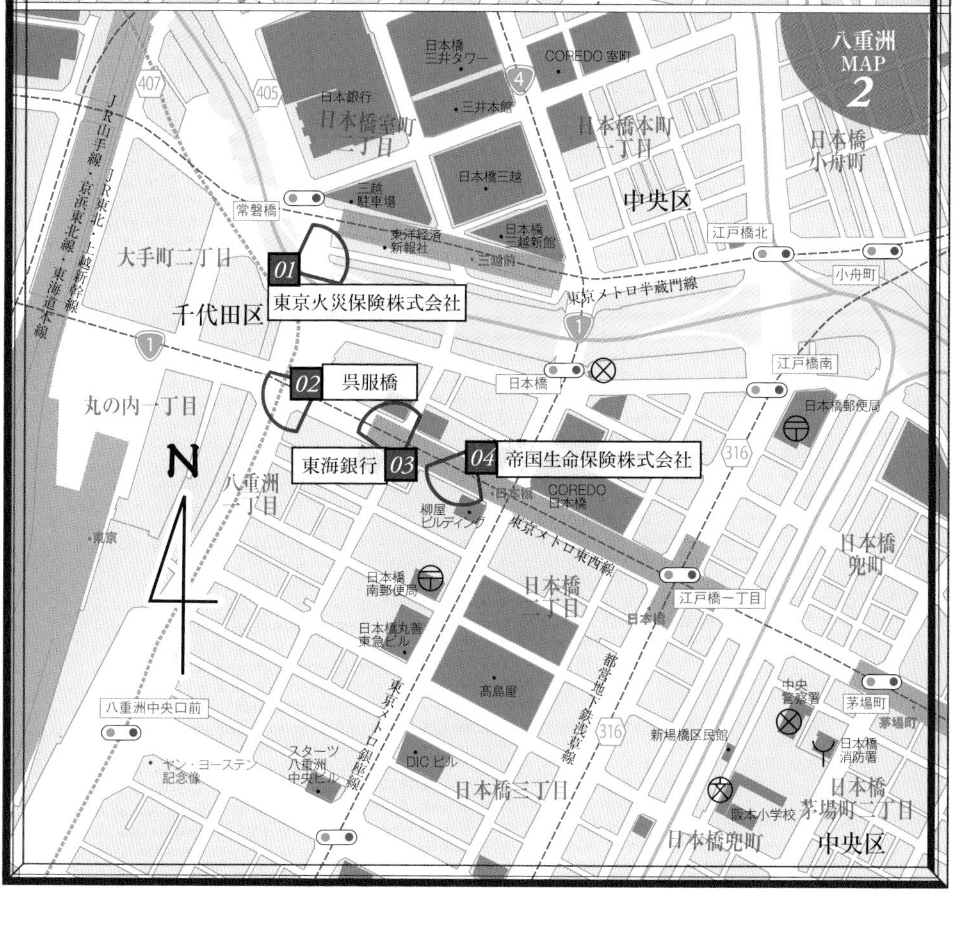
八重洲
MAP
2
日本橋
三井タワー
COREDO 室町
4
407
405
日本銀行
三井本館
日本橋室町
二丁目
日本橋本町
一丁目
日本橋
小舟町
ＪＲ山手線・京浜東北線・東海道本線
ＪＲ東北・上越新幹線
三越
駐車場
日本橋三越
常磐橋
中央区
東洋経済
新報社
日本橋
三越新館
三越前
江戸橋北
大手町二丁目
01
東京火災保険株式会社
小舟町
東京メトロ半蔵門線
千代田区
1
日本橋
江戸橋南
02
呉服橋
日本橋郵便局
丸の内一丁目
東海銀行
03
04
帝国生命保険株式会社
316
N
八重洲
一丁目
日本橋
COREDO
日本橋
柳屋
ビルディング
東京メトロ東西線
東京
日本橋
兜町
日本橋
南郵便局
日本橋
二丁目
江戸橋一丁目
日本橋
日本橋丸善
東急ビル
東京メトロ銀座線
都営地下鉄浅草線
髙島屋
中央
警察署
茅場町
八重洲中央口前
316
新場橋区民館
日本橋
消防署
ヤン・ヨーステン
記念像
スターツ
八重洲
中央ビル
DIC ビル
日本橋三丁目
日本橋
茅場町二丁目
阪本小学校
日本橋兜町
中央区

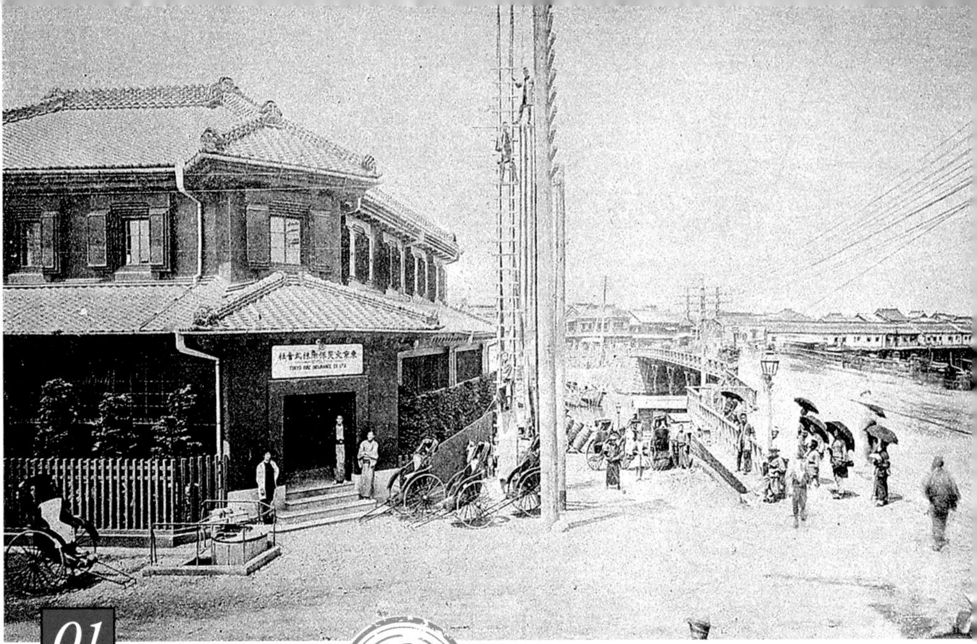

昔之風景

この辺りは、江戸の台所を支えた日本橋魚河岸の西側の河岸であったことから「西河岸」と呼ばれていた。傘をさしている女性たちの姿も写されている。明治時代撮影。国立国会図書館蔵

01

東京火災保険株式会社

一石橋の袂に建っていた東京火災保険株式会社。明治20年（1887）7月に設立されている。人々が行き交う一石橋は江戸の初期に木橋として架けられ、その袂には「一石橋迷子しらせ石標」があり、迷子探しの伝言板があったようだ。

今之風景

右端に写る傘をさした女性は買い物帰りなのか、みな荷物を手にしている。

東京火災保険株式会社のあった場所には、東洋経済新報社の社屋が建っている。かつて人々が行き交っていた場所には、首都高速道路の呉服橋出入口が設けられており、人々と車が行き交う場所に様変わりしている。

昔 之風景

02 呉服橋

明治5年（1872）に撮影されたと思われる江戸城の外堀に架かる、木製の呉服橋。右手には明治6年（1873）に撤廃される呉服橋御門が写っている。呉服橋と呼ばれたのは、城内から呉服町へ出る門に架かるためであったと言われている。

木製の呉服橋は、撤去された呉服橋門の石塁を用いて、石橋に架け替えられる。江戸幕府編集の『御府内備考』には、古くは「後藤橋」と呼ばれていたとある。御門外に呉服師である後藤家の屋敷があったため。明治初期撮影。中央区立京橋図書館蔵

姿を消した外堀、呉服橋、枡形の呉服橋門が写されている。門の内側には北町奉行所があった。

今 之風景

外堀は昭和29年（1954）頃から埋め立てられ、呉服橋とともに姿を消した。同じ頃、呉服橋という町名もなくなり、現在はかつて外堀のあった場所にある呉服橋交差点にその名を残す。

今

之風景

かつて帝国生命保険株式会社があった永代通りの反対側、現在の八重洲1丁目の交差点の角が、かつて東海銀行の建物があった場所。この地域には現在も保険会社や銀行が多く並んでいる。

東京府の認可を得て日本橋区呉服町（現、八重洲1丁目）に設立された東海銀行。明治の思想家の一人田口卯吉が設立に関わっていた。明治40年代撮影。中央区京橋図書館蔵

昔

之風景

03 東海銀行

明治22年（1889）7月に設立された東海銀行。本郷、赤坂、本所などにも支店を置き、順調に顧客から信頼を得て、事業を拡大していったという。この建物は明治42年（1909）に清水建設により設計された。

04

帝国生命保険株式会社

帝国生命は海軍会計学舎で経済学を学んだ加唐為重（かからためしげ）がイギリスで生まれた科学的生命保険理論に基づく生命保険会社の設立に奔走し、明治21年（1888）に資生堂の創業者としても有名な福原有信を設立委員として創業した。

日本橋区檜物町6番地（現在の日本橋八重洲）に創業。現在の「朝日生命保険相互会社」の始まりである。建物の前には人力車が置かれ、一人の子どもがたたずんでいる。明治時代撮影。国立国会図書館蔵

かつて帝国生命が建っていた場所の前は、現在皇居大手門前から延びる永代通りが走っていて、東京駅に向かう大型バスなどが行き交っている。また周辺はオフィスビルが建ち並び、現在様々な場所で再開発が行われている（2021年現在）。

Close UP

ヤン・ヨーステン記念像

慶長5年（1600）に日本にきたオランダ人貿易家ヤン・ヨーステン（耶楊子）は日比谷の堀端に屋敷を拝領。八重洲の地名は「ヤン・ヨーステン」からきているという一説も。

03 銀座

～文明開化を象徴する商業地～

旧朝野新聞社の屋根に時計台を建てた姿で明治 27 年（1894）に銀座に進出した服部時計店。銀座通りを頻繁に行き交う路面電車の様子、そして銀座の象徴とも言える柳の木の姿を見ることができる。明治時代撮影。国立国会図書館蔵

一大商業地として時代をリードする街

銀座通りの両側には、高級ブランド店が華やかにショーウインドーを飾る。また近年は「ファストファッション」店が出現し、新しい銀座の顔になっている。日本の経済状況を象徴するように変化を遂げてきた銀座。その始まりとも言えるのが、明治初期の西洋化である。

銀座は、明治五年（一八七二）に大火事に見舞われ、一帯は焼けつくされる。明治政府は大規模な区画整備を行い、イギリス人ウォートルスを技師として、耐火建築化、西洋化を目指したまちづくりを行う。これは文明開化の象徴でもあった。こうした交通網の整備、そして西洋風の煉瓦街の建設が現在に続く銀座の反映の礎になっている。

銀座４丁目交差点。現在の和光の時計塔は二代目。今もなお銀座を象徴する場所となっている

東京メトロ銀座線
京橋駅
↓ 2分
01 読売新聞日就社
↓ 7分
P22 銀座
↓ 7分
02 銀座通り
↓ 8分
03 歌舞伎座
↓ 10分
04 逓信省
↓ 3分
汐留駅
都営大江戸線

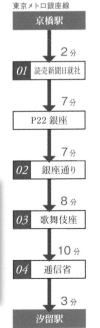

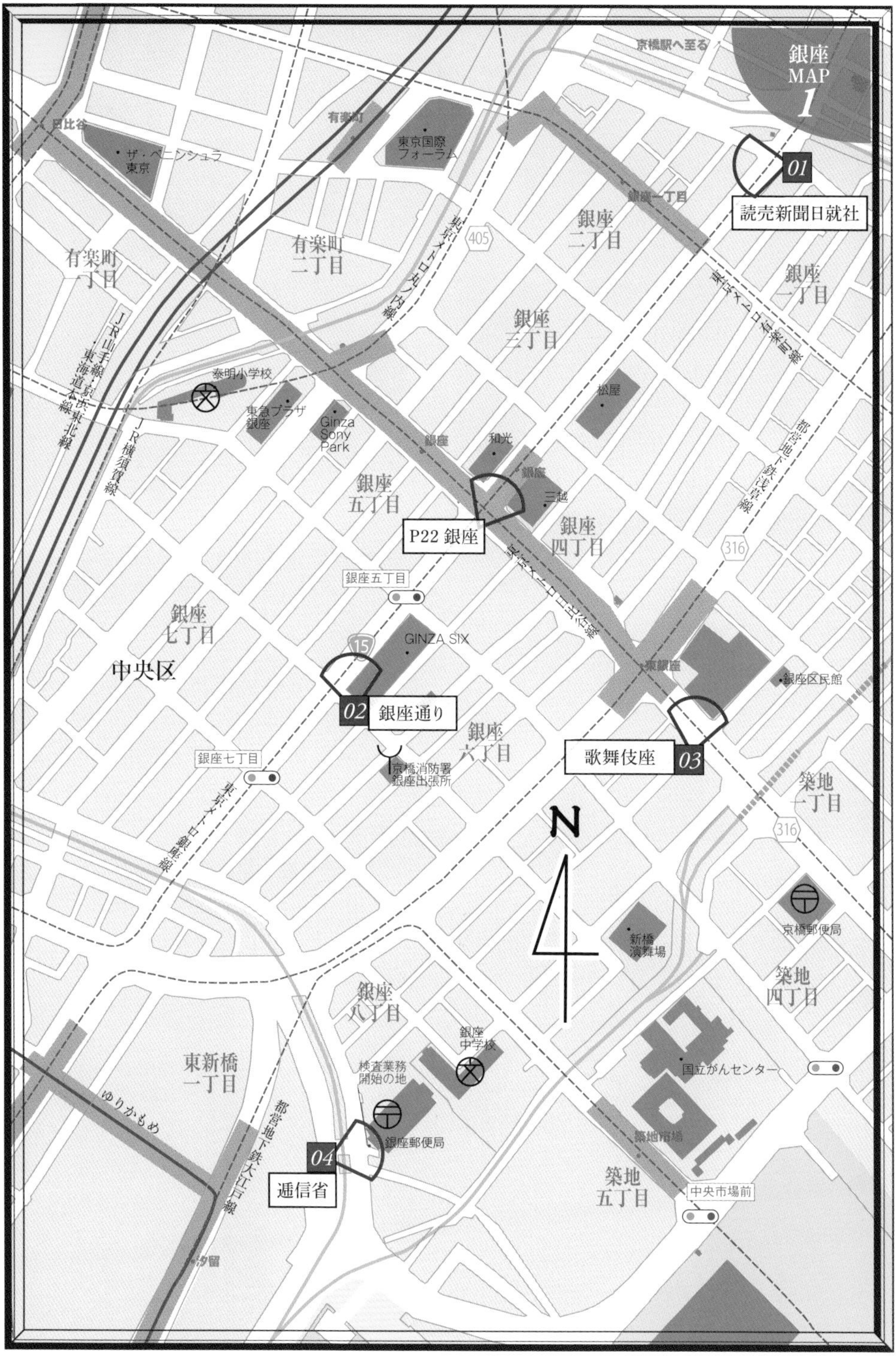

銀座
MAP
1
京橋駅へ至る
日比谷
有楽町
東京国際フォーラム
ザ・ペニンシュラ東京
01
読売新聞日就社
銀座一丁目
銀座二丁目
405
有楽町二丁目
有楽町一丁目
東京メトロ丸ノ内線
東京メトロ有楽町線
銀座一丁目
銀座三丁目
JR山手線・東海道本線・京浜東北線
泰明小学校
東急プラザ銀座
Ginza Sony Park
松屋
銀座
和光
銀座
三越
JR横須賀線
都営地下鉄浅草線
銀座五丁目
P22 銀座
銀座四丁目
316
東京メトロ日比谷線
銀座五丁目
銀座七丁目
15
GINZA SIX
中央区
東銀座
銀座区民館
02
銀座通り
銀座六丁目
京橋消防署銀座出張所
歌舞伎座
03
銀座七丁目
東京メトロ銀座線
築地一丁目
316
N
京橋郵便局
新橋演舞場
築地四丁目
銀座八丁目
銀座中学校
国立がんセンター
東新橋一丁目
検査業務開始の地
ゆりかもめ
都営地下鉄大江戸線
銀座郵便局
04
逓信省
築地市場
築地五丁目
中央市場前
汐留

今
之風景

かつて京橋のあった場所の頭上を走る首都高速道路が京橋川の名残を伝え、京橋と銀座のまちを隔てている。その橋のすぐ横に建っていた日就社の名残はない。人々は高速道路の下をくぐり、銀座と京橋を行き来している。

01

読売新聞日就社

明治3年（1870）に横浜で設立した日就社は、芝区琴平町に移り読売新聞を発行、明治10年（1877）に銀座一丁目一番に移る。銀座には新聞社が集中していたが、当時から地代は高く、新聞が人々の人気を得てきたことも伺える。

昔
之風景

京橋から新橋方向に向かうすぐ右角にあった日就社前には電信柱、ガス灯が立ち、人力車が並んでいる。住所は「銀座一丁目一番」。銀座は、マスコミの中心地でもあった。明治時代撮影。国立国会図書館蔵

昔之風景

日本で初めての歩道が設けられ、両側には街路樹が植えられている銀座煉瓦街。明治初期撮影。放送大学附属図書館蔵

02

銀座通り

明治5年（1872）の大火の後、区画整備のもとに建設された西洋風の建物が並ぶ。明治7年（1874）にはガス灯が出現。その後、明治15年（1882）には鉄道馬車が開通。銀座通りには洋風の品物を扱う大商店が建ち並び、現在に続く一大商業地となった。

左奥には「朝野新聞社」の社屋が見える。「朝野新聞」は明治を代表する新聞の一つ。明治9年（1876）にこの地に移転する。

今之風景

現在の中央通りと交詢社通りが交わる銀座6丁目交差点付近。アメリカのカジュアル衣料品店など、新しい銀座のまちの象徴ともいえる店と、古くからの衣料品店が並んでいる。

Close UP

浮世絵に描かれた西洋化

明治の銀座通り。西洋化する様子が華やかに伝わる。「東京名所之内 銀座通煉瓦造鉄道馬車往復図」（東京都立中央図書館特別文庫室所蔵）歌川広重（3代）明治15年（1882）

今 之風景

銀座の晴海通り。右手に写るのは歌舞伎座。火災や戦火によりこれまで５度の建て替えを行ってきた。第五期歌舞伎座は第四期の日本様式の外観デザインを踏襲しながら、後方には高層オフィスビルを併設。

Close UP

木挽町広場

地下鉄「東銀座」駅に直結した地下広場。歌舞伎グッズやお土産、弁当などを販売しており、縁日のように賑わっている。ここからエスカレーター、エレベーターで地上1階へ上がり、歌舞伎座正面玄関へと進む。提供：歌舞伎座サービス株式会社

03

昔 之風景

歌舞伎座

明治22年（1889）に建設された第一期歌舞伎座。外観は洋風でありながら、内部は日本風の檜造り。演劇改良運動の指導者福地源一郎が理想の実現を目指した。今なお歌舞伎座の座紋となっている鳳凰丸は当時から変わっていない。

帝国劇場との差別化のため、第二期以降は純和風建築になるが、当初は西洋風だったことが伺える。明治中期撮影。国立国会図書館蔵

前には汐留川が流れている。汐留川は、舟運のために開削された掘割。隅田川からの船を各河岸に運んでいた。昭和30年代に高速道路建設のため大部分が埋め立てられ、現在は河口付近750mのみとなっている。明治後期撮影。国立国会図書館蔵

昔 之風景

04

逓信省

京橋区木挽町、現在の中央区銀座に位置していた逓信省。明治18年(1885)に設立された。この建物は明治43年(1910)に再建されたもの。森鴎外の『普請中』の書き出し部分には「木挽町の河岸を、逓信省の方へ行きながら」と書かれている箇所もある。

Close UP

検査業務開始の地

工部省電信寮の硝子試験所があり、電信用の硝子を電気試験したのが、日本での近代的物品購入検査作業の始まりとされている。

今 之風景

現在、逓信省のあった場所には、その名残を示すかのように銀座郵便局が建っている。かつて前を流れていた汐留川は埋め立てられ、その上には高速道路が架かり、川の岸であっただろう場所に立つと、その高速が前方を塞いでしまう。

04 丸の内・日比谷

〜一丁ロンドン〜

一丁ロンドン。明治 40 年代撮影。大名屋敷を利用した中央諸官庁のあった丸の内。この土地は明治 23 年（1890）に三菱に払い下げられ、「一丁ロンドン」へと姿を変えた。国立国会図書館蔵

赤レンガに見る明治

皇居の東から南東にかけての丸の内・日比谷地域。大名屋敷が建ち並んでいた静かな町は、明治半ばから三菱が開発を進め、ジョサイア・コンドルの設計した赤レンガのオフィスビルが林立する街へと一変。ロンドンのロンバート街を参考とし、その長さは一丁（約百メートル）にわたったことから、「一丁ロンドン」と呼ばれる一帯がオフィス街としての丸の内の始まりである。周囲には東京府庁舎、東京商業会議所、東京中央停車場と、次々と赤レンガ造りの建物が建設されていった。関東大震災によりそのほとんどは崩れ去ったが、東京駅や三菱一号館美術館をはじめ、当時を復元した建物を丸の内の随所に見ることが出来る。

日比谷には帝国ホテルや鹿鳴館、帝国劇場などの洋風の建物が次々と造られ、華族や高級軍人、外国の賓客などを中心に賑わいを見せる街となった。また日比谷練兵場跡につくられた日比谷公園には音楽堂なども出来、老若男女を問わず憩い、楽しめる場所として親

JR 京葉線

東京駅
↓ 1分
P28 一丁ロンドン
↓ 4分
01 馬場先門外
↓ 6分
02 警視庁
↓ 5分
03 日比谷公園
↓ 4分
04 鹿鳴館
↓ 2分
日比谷駅

東京メトロ千代田線

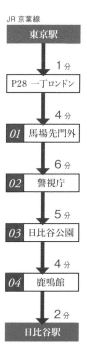

高層ビルの建ち並ぶ一角、赤レンガの建物が昔をしのばせる

しまれた。当時の賑わいは今も変わらず、サラリーマンや観劇を楽しむ人々が行き交っている。また、都会のオアシスとも言える日比谷公園では人々が一時の癒しを求め時を過ごしている。

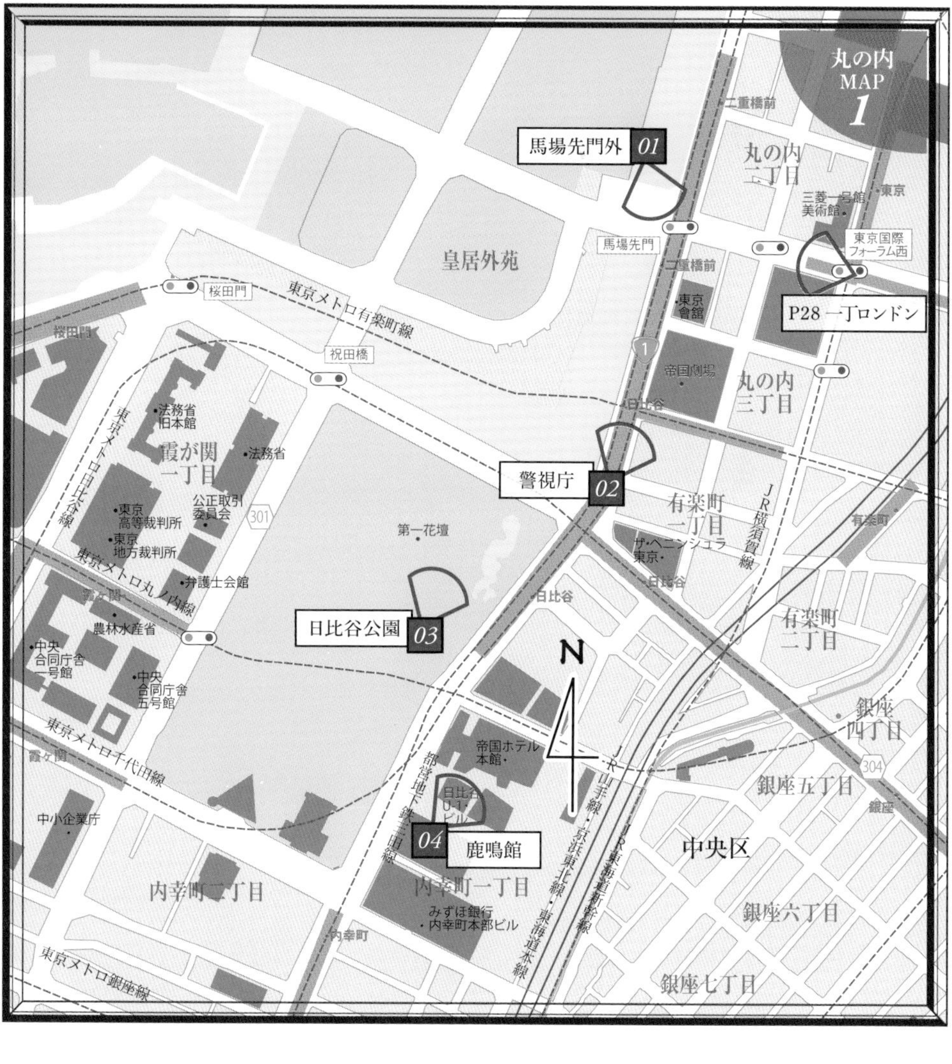

昔 之風景

01

馬場先門外

左手前の三菱２号館とその奥の東京商業会議所、この２つの建物の間が一丁ロンドンにあたる。一丁ロンドンと直角に交わる凱旋道路には路面電車が通り、多くの人が行き交う様子も見える。

馬場先門外から見た凱旋道路。明治時代撮影。正統な古典主義建築であるコンドル設計の三菱２号館に対し、妻木頼黄設計の東京商業会議所はドイツ・バロック様式の建築である。当時の多様な建築様式がうかがえる。国立国会図書館蔵

今 之風景

赤レンガの洋風建築は四角いオフィスビルへ、そして路面電車は自動車や大型バスへと変わった。しかし碁盤の目のように走る通りや人の多さは変わらず、オフィス街として当時の雰囲気を残している。

手前に三菱２号館、奥に東京商業会議所がある。写真には写っていないが、右の並木の向こうは江戸城の堀である。

Close UP

三菱一号館美術館

イギリスの建築家コンドルが設計した洋風建築を復元。「近代都市と美術」をテーマに、多くの人を楽しませている。

02 警視庁

赤レンガ造りの3階建て庁舎。明治44年（1911）から関東大震災の火災により焼失するまで約12年間使用され、その後は現在の外桜田門前に移転。奥には帝国劇場が見えるが、この建物も延焼を受けて焼け落ちている。

警視庁。明治時代撮影。「東京節（パイノパイノパイ）」で「いきな構えの帝劇にいかめし館は警視庁」と歌われる。歌の文句の通り、白く優美な帝国劇場に比べ、赤く無骨な印象の建物である。国立国会図書館蔵

警視庁の奥に見えるのが帝国劇場。赤レンガ造りの建物が建ち並ぶ中、白い建物がひときわ目を引く。

現在はDNタワー21ビルが建ち、警視庁があったことを示すものは残っていない。しかし隣接する帝国劇場は明治の頃と同じ場所に建てられており、2つの建物の並びから当時の様子が窺える。

Close UP

帝国劇場

関東大震災の際、警視庁の延焼により焼け落ちたが、翌年には再開。現在の建物は昭和41年（1966）に谷口吉郎が設計した。

03

昔 之風景

日比谷公園

明治36年(1903)、陸軍日比谷練兵場跡に本多静六の設計により開園したドイツ式の洋風公園。写真は野外音楽堂で日本最古の音楽堂。演奏会であろうか、多くの人が集まって熱心に聞き入っている様子が見える。

手前の学生と思われる男性が印象的であるが、子どもをおぶっている女性や帽子をかぶった年配の男性もおり、演奏会が珍しいためか老若男女を問わず聞きに来ている様子がうかがえる。明治時代撮影。国立国会図書館蔵

今 之風景

憩いの場として人々を和ませている様子は、開園から100年以上経つ現在も変わらない。写真は野外音楽堂の後身である小音楽堂。警視庁音楽隊や都内の高校の吹奏楽部などが演奏し、来園者を楽しませている。
千代田区日比谷公園
TEL 03-3501-6428

Close UP

第一花壇

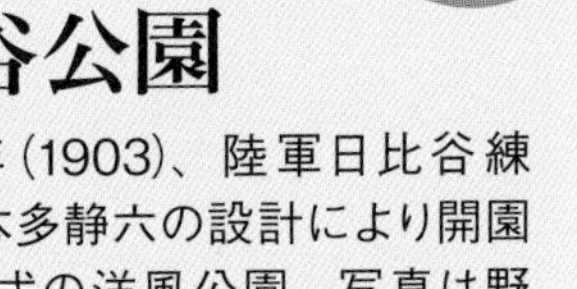

日比谷公園のシンボルの一つ。睡蓮やパンジーなどの四季折々の草花や、向かい合う二羽のペリカン噴水が和ませてくれる。

昔
之風景

04

鹿鳴館

明治16年(1883)、日本が文明国であることを外国に示し、不平等条約を改正するために建てられた。連日、晩餐会などが開かれるも改正は難航。建設から10年余りで華族会館に払い下げられ、昭和15年(1940)に取り壊された。

薩摩藩中屋敷跡に建てられた。明治17年(1884年)には日本初のバザーも開催され、1万人を超す入場者で賑わった。明治時代撮影。国立国会図書館蔵

Close UP

鹿鳴館の設計者　ジョサイア・コンドル

「一丁ロンドン」の建物群や鹿鳴館などを設計し、「日本近代建築の父」と呼ばれる。石像は東京大学本郷キャンパス内、工学部1号館の前庭にあり、学生を見守っている。

跡地には日比谷U-1ビルが建っており、当時の面影は感じられない。当時、礼服やドレスで着飾った華族や外国の賓客などで賑わったこの場所は、今はスーツに身を包んだビジネスマンが行き来するオフィス街の一角となっている。

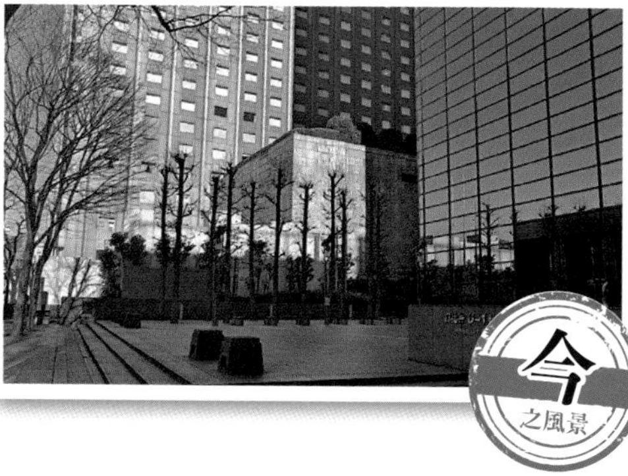

今
之風景

05

築地・佃島

〜海と繋がるまち〜

築地西本願寺。明治時代撮影。京都西本願寺の別院である築地本願寺。元は浅草にあったが明暦の大火で焼失、現在地へ移転。八丁堀の海を埋め立てて、この土地に再建された。国立国会図書館蔵

JR 京葉線

- 八丁堀駅
- 5分
- 01 石川島造船所
- 6分
- 02 佃島
- 12分
- P34 築地
- 6分
- 03 海軍参考館
- 1分
- 04 海軍大学校
- 3分
- 築地市場駅

都営大江戸線

築地と佃島
海が結んだ縁

かつては白魚漁が有名で、漁師町として知られた佃島。各地から運ばれる物資を積んだ弁才船《べざいせん》の停泊地でもあり、物流の重要な拠点でもあった。明治期には北端に造船所が完成。民間に引き継がれ石川島造船所として軍用・民間用の多くの船が建造された。この佃島と対岸の築地とを結んでいたのが佃の渡しである。戦後、佃大橋が出来るまで長く人の往来を助けていた。

両地域は浅草で建立された本願寺でも結ばれている。本願寺は明暦三年（一六五七）の振袖火事で焼失し、現在の地を与えられる。干潟の地であったこの場所を佃島漁師などが埋め立て、寺を創建したため、築地と呼ばれるようになった。

その後、江戸末期には講武所（御軍艦操練所）が出来、砲術などの訓練が行われた。その関係から明治後期になるとこの一帯が海軍省の用地となり、海軍兵学校や軍医学校が置かれ、海軍の中枢を担う人物を養成する場所となる。また佃の造船所では軍艦が建造され、

関東大震災での焼失後、インド様式を取り入れて建設。現在は観光名所にもなっている

そこから海へ送りだされていった。そしてその海からは魚を積んだ船が築地市場へと入港していた。

海軍、造船、魚河岸と、海と深く繋がりをもってきたまち。今後も、海とともに変化を見せていくだろう。

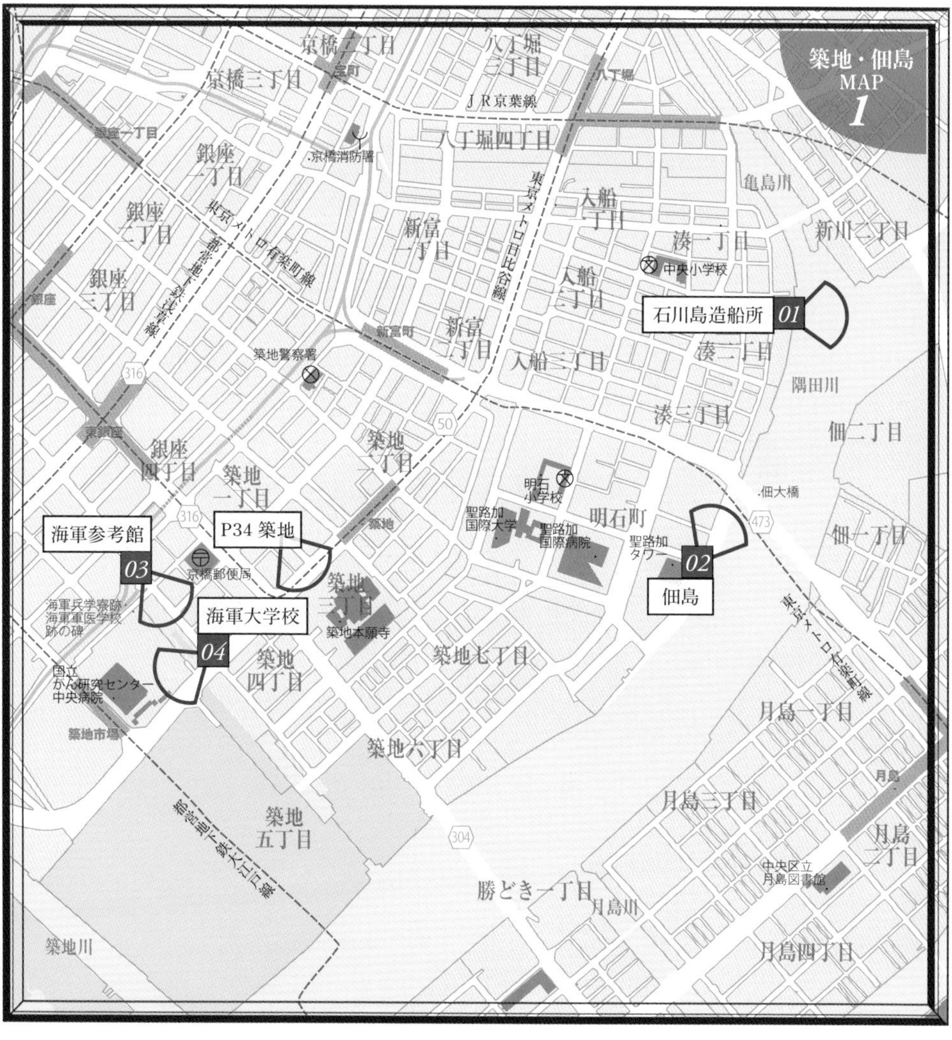

昔 之風景

01

石川島造船所

明治９年（1876）、平野富二が国の造船所の払い下げを受けて創業を開始した。日本で初の私設造船所。蒸気船のような煙突のある船などが停留している様子が見える。

対岸より石川島造船所を望む。明治時代撮影。この後様々な軍艦を建造するこの造船所には、小さい帆船をはじめ蒸気船や鋼船など、様々な船が停泊している。国立国会図書館蔵

今 之風景

大小の船が建造され、工場の作業音が響いていた造船所。東京工場が閉鎖され、高層マンションの建ち並ぶ現代的で静かな風景へと姿を変えた。

Close UP

佃の渡し

佃には渡し舟が通っており、永代橋の南に建つ灯台が舟の行方を照らしていた。隅田川最後の渡し舟であったが、佃大橋の完成に伴い、渡し舟は廃止された。中央区立京橋図書館蔵

今
之風景

撮影地では残念ながら一艘の船が停留しているのみで漁師町の風情は感じられない。しかし島の反対側の佃小橋あたりには、今も多くの漁船を見ることが出来る。

Close UP

佃大橋

昭和 39 年 (1964)、東京オリンピックの関連道路として、佃の渡しのあった場所に急ピッチで建造された。コンクリートの長い橋は、高度経済成長の象徴とも言える。

佃島遠景。明治時代撮影。写真奥に、帆柱が立ち並んでいるのが見えるが、これは各地から東京へ物資を運ぶ弁才船である。明治時代まで、物資輸送手段として多く使用されていた。国立国会図書館蔵

昔
之風景

02 佃島

白魚漁などで漁師町として知られていた佃島。写真にも多数の漁船が並ぶ。佃島あたりは潮干狩でも有名な土地であり、海産物が多く採れた場所であった。

今
之風景

現在この場所には国立がん研究センターが建ち、かつての雰囲気はない。築地川は埋め立てられ、北門橋も無くなり、現在は首都高速道路が走る現代的な風景である。

海軍参考館。明治 40 年代撮影。日露戦争の戦利品をはじめ、軍艦の破片や折れた剣などを展示し、一般公開もされていたが、関東大震災で倒壊した。国立国会図書館蔵

昔
之風景

03 海軍参考館

明治 42 年 (1909) 建設の海軍参考館。洋風の重厚感のある建物が、当時の海軍の威厳を感じさせる。手前を築地川が流れ、北門橋がかかる。日傘を差し、日本髪を結った女性の姿が印象的である。

04

昔
之風景

海軍大学校

赤レンガ造りの落ち着いた建築である。手前には築地川が流れる。敷地は瓦葺きの塀で囲われ、威厳を感じさせるとともに、機密が厳重に管理されていたことがうかがえる。

海軍大学校。明治 20 ～ 30 年代撮影。海軍の最高教育機関。明治 21 年（1888）11 月、参謀や高級指揮官の養成を目的として開校され、大将以下の多くの軍人が送り出された。国立国会図書館蔵

今
之風景

Close UP

海軍兵学寮・海軍軍医学校跡の碑

海軍兵学校に改組・改称されるまで、海軍士官の養成を担ってきた兵学寮。そして海軍軍医や看護士などの教育機関である軍医学校。海軍発祥の地、築地にひっそりと建つ石碑である。

海軍大学校の地は、国立がん研究センター中央病院や中央区立市場橋公園などになっている。築地川も今はなく、当時の雰囲気は微塵も感じられない。

06 江戸城周辺

～江戸の名残感じる石垣～

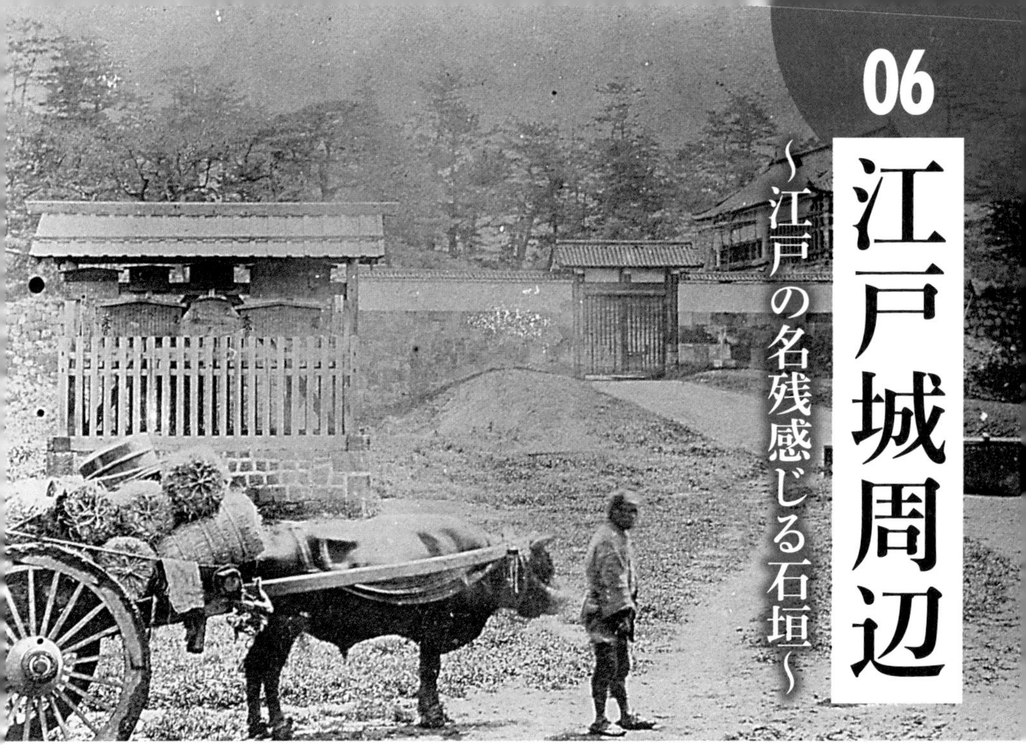

左に高札場、奥に半蔵門が見える。半蔵門の名は、警固を担当した服部半蔵に由来する。将軍有事の際はこの門から甲州街道へと出て、幕府の天領である甲府へと避難するルートが想定されていた。明治４年（1871）撮影。日本カメラ博物館蔵

東京メトロ半蔵門線

- 九段下駅
- ↓ 1分
- 01 九段坂
- ↓ 20分
- P40 半蔵門
- ↓ 17分
- 02 桜田門
- ↓ 14分
- 03 国会議事堂
- ↓ 21分
- 04 西の丸御殿
- ↓ 2分
- 05 蓮池巽櫓
- ↓ 7分
- 06 和田倉門
- ↓ 1分
- 二重橋前駅

東京メトロ千代田線

櫓は消えても石垣に江戸の面影濃く残る

江戸幕府の政務の中心地であり、歴代将軍の私邸でもあった江戸城。度重なる地震や火事、そして明治政府により取り壊されてしまった建造物が多いが、石垣は今なお残り、当時の面影を偲ばせている。「皇居東御苑」は江戸城の本丸、二の丸、三の丸の一部を整備して開放されており、随所に城の遺構を見ることができる。東京の中心部とは思えないほどの豊かな緑と静寂。濠に沿って一周してみれば、江戸城の広大な規模を実感できるだろう。

空襲で旧来の門は焼失し、現在の半蔵門は和田倉門の高麗門を移築したもの

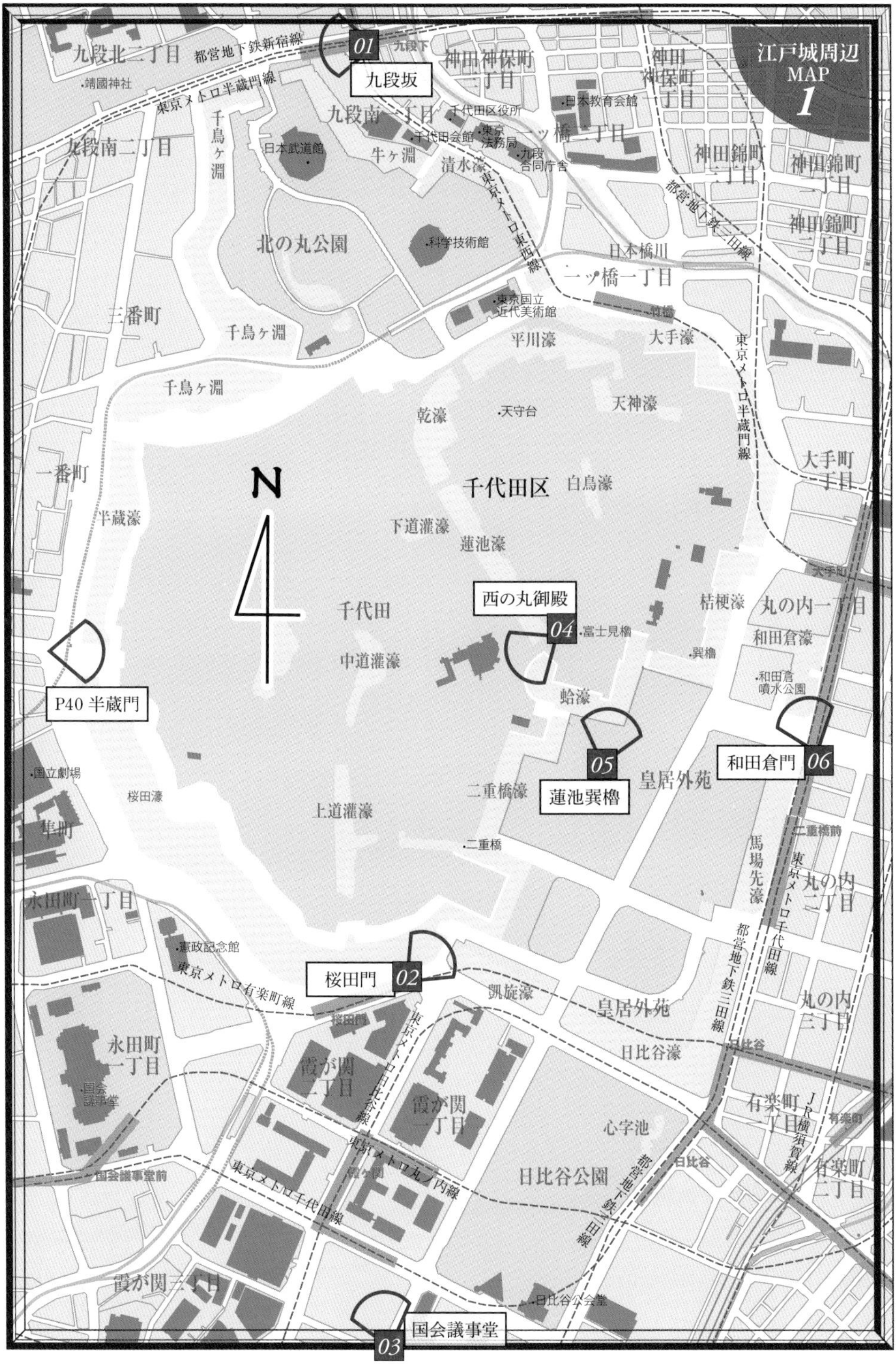
江戸城周辺
MAP
1
N
01
九段坂
02
桜田門
03
国会議事堂
04
西の丸御殿
05
蓮池巽櫓
06
和田倉門
P40 半蔵門
九段北二丁目
都営地下鉄新宿線
九段下
靖國神社
東京メトロ半蔵門線
千鳥ヶ淵
九段南一丁目
千代田区役所
千代田会館
東京法務局
九段合同庁舎
日本武道館
牛ヶ淵
清水濠
東京メトロ東西線
神田神保町二丁目
神田神保町一丁目
日本教育会館
一ツ橋二丁目
神田錦町三丁目
神田錦町二丁目
神田錦町一丁目
都営地下鉄三田線
九段南二丁目
北の丸公園
科学技術館
日本橋川
一ツ橋一丁目
東京国立近代美術館
竹橋
三番町
千鳥ヶ淵
平川濠
大手濠
東京メトロ半蔵門線
千鳥ヶ淵
乾濠
天守台
天神濠
一番町
千代田区
白鳥濠
大手町一丁目
半蔵濠
下道灌濠
蓮池濠
大手町
千代田
桔梗濠
丸の内一丁目
富士見櫓
和田倉濠
巽櫓
中道灌濠
和田倉噴水公園
蛤濠
国立劇場
桜田濠
二重橋濠
皇居外苑
上道灌濠
隼町
二重橋
馬場先濠
二重橋前
東京メトロ千代田線
丸の内二丁目
永田町一丁目
憲政記念館
都営地下鉄三田線
東京メトロ有楽町線
凱旋濠
皇居外苑
丸の内三丁目
桜田門
東京メトロ日比谷線
日比谷濠
日比谷
永田町一丁目
霞が関二丁目
国会議事堂
霞が関一丁目
心字池
有楽町一丁目
JR横須賀線
有楽町
東京メトロ丸ノ内線
国会議事堂前
霞ヶ関
日比谷公園
日比谷
都営地下鉄三田線
有楽町二丁目
東京メトロ千代田線
霞が関三丁目
日比谷公会堂

今
之風景

関東大震災後の復興で坂を拡幅・掘削し、現在はなだらかな坂となった。坂の上には明治2年(1869)に「東京招魂社」が創建され、その後「靖國神社」と改称。坂の下から見える大鳥居が九段坂を象徴する風景となっている。

01

昔
之風景

九段坂

「九段」の名は、江戸幕府がこの坂に沿って九層の石垣の段を築き、役人の御用屋敷を造ったことに由来する。かつては勾配のきつい坂で、ここから江戸湾が望めたという。明治40年(1907)に開通した市電もこの坂を登れず、南側の濠沿いを走っていた。

Close UP

靖國神社

幕末～明治維新の殉難者を祀る「東京招魂社」として創建され、後に「靖國神社」と改称。参道に大村益次郎の銅像が建つ。

左に「志ゃも」と看板を出す料理屋。右に白い洋館が見える。人力車と馬車、着物姿と洋服姿が入り混じり、江戸から明治へと変わる時代の空気が感じられる。明治時代撮影。国立国会図書館蔵

昔
之風景

02 桜田門

江戸城の城門の一つ。安政７年（1860）、水戸藩浪士が井伊直弼を暗殺した「桜田門外の変」で有名な門である。井伊の住む彦根藩上屋敷はこの門から西へ 500 ｍほどの、現在「憲政記念館」の建っている場所にあった。

江戸城城門方向に、洋風の馬車が走って行く。江戸と東京の景色が一枚の写真に収まっている。明治時代撮影。国立国会図書館蔵

今
之風景

現在も古写真と変わらぬ姿で建つ桜田門。関東大震災で大破したが、補強工事で修築された。国の重要文化財に指定されている。内堀通りから皇居前広場へと抜けられ、誰でも通ることができる。

高麗門と渡櫓門で構成された枡形の構造がよくわかる。手前は桜田濠。

Close UP

桜田濠

半蔵門と桜田門の間の濠。江戸城で最も広い濠で、幅の広いところでは 115m ある。広々とした空と緑が美しい。

木造洋風 2 階建の第 2 次仮議事堂。
明治中期撮影。国立国会図書館蔵

03

昔 之風景

国会議事堂

第 1 回帝国議会の開催のために間に合わせで造られた木造の仮議事堂は、二度の火災に遭い、3 代目まで造られた。写真は 2 代目の仮議事堂で、明治 24 年（1891）完成。関東大震災に耐えたが、大正 14 年（1925）に火災で焼失。

Close UP

現在の国会議事堂

建設開始から 17 年の歳月を要し、昭和 11 年（1936）に竣工。長らく仮議事堂のままだった日本にとって、悲願の本議事堂だった。

今 之風景

現在は経済産業省の中小企業庁の庁舎が建つ。霞ヶ関官庁街の端に位置し、内幸町や新橋にも近い。公務員と民間企業のビジネスマンが混在して行き交うエリアだ。

昔
之風景

元治元年（1864）に造営された西の丸御殿。富士見櫓の方向から撮影した。明治時代撮影。横浜開港資料館蔵

今
之風景

坂下門から西の丸御殿方面を望む。現在は皇居や宮内庁の入口となっており一般の立ち入りはできない。「一般参観」に申し込めば、西の丸エリアも見学できる。
問い合せ：宮内庁管理部管理課参観係
TEL 03-5223-8071

04

西の丸御殿

本丸御殿が文久３年（1863）に、二の丸御殿が慶応３年（1867）に焼失した後は再建されず、西の丸に機能が移されていた。江戸城無血開城の時点で存在していたのは西の丸御殿だけであり、ここに新政府軍が入っている。

Close UP

富士見櫓

江戸城の櫓はかつて19基あったが、現存するのは巽櫓、伏見櫓、富士見櫓のみ。その中では唯一の三重櫓。焼失した天守閣の代用にもされた。

05

昔
之風景

蓮池《はすいけ》巽櫓《たつみやぐら》

坂下門下から見た蓮池巽櫓。三重の立派な櫓で、手前は蛤濠（はまぐりぼり）。蛤濠はかつて二の丸北側の天神濠まで繋がっていたが、明治時代以降は要塞としての機能が不要となり、大正時代に一部を残し、埋め立てられた。

江戸城二の丸に建つ、堂々たる姿の三重櫓。この開放的な撮影空間も、広大な江戸城の一角に過ぎない。明治初期撮影。横浜開港資料館蔵

手前は蓮池巽櫓、奥に見える三重櫓は巽奥三重櫓（松倉櫓）。その間にたくさんの多聞櫓（石垣の上に築く細長い長屋形式の櫓）が見える。

今
之風景

蓮池巽櫓は明治３年（1870）に火災で焼失し、現在は石垣が残るのみである。石垣の大きさからして、櫓の規模が伺える。

Close UP

巽櫓

名称は城の辰巳（東南）の方角に位置することに由来する。現在、最も近くで見ることができる櫓で、濠と石垣が一緒に写る構図が美しい。

06

和田倉門

昔 之風景

江戸城守護のために築かれた内郭門の一つ。敵の侵入速度を鈍らせるために入口を屈折させ、高麗門（第一の門）、渡櫓門（第二の門）を配した桝形構造の門。門内には会津藩上屋敷があった。手前の和田倉濠には和田倉橋が架かる。

水面に反転して映る石垣と白漆喰塗りの壁、松の木のバランスが美しい。明治時代撮影。国立国会図書館蔵

高麗門（右）に直角に並ぶ渡櫓門（左）。枡形の構造がわかりやすい造り。現在は石垣しか残っていないため、想像力が必要とされる。

今 之風景

関東大震災で渡櫓門は大破し、高麗門も解体され保存されていたが、戦後半蔵門に移築された。和田倉橋も関東大震災で壊れ、現在の橋は戦後復元されたもの。土台がコンクリート、上部が木橋となっている。

Close UP

和田倉噴水公園

和田倉門の内側にある公園。昭和36年(1961)、当時の皇太子明仁親王の成婚を記念して造られた。園内にはレストランがある。

07

お濠端
～都会のオアシス～

市ヶ谷門より撮影。外堀の向こう、左の丘の上は尾張徳川家上屋敷で、現在は防衛省となっている。右の丘の上は市谷亀岡八幡宮。明治初期撮影。横浜開港資料館蔵

大都会に今なお残る緑と水辺の空間

時代が明治に移り鉄道や自動車などの陸運が盛んになると、東京では多くの水路や堀が埋め立てられた。また、埋め立ては関東大震災や空襲で生じた残土処理も目的としていた。竜閑《りゅうかん》川、西堀留川、東堀留川、楓川、三十間堀、溜池、東京駅周辺の外堀などが姿を消していったが、内堀と北西部の外堀は現在も残っている。ヒートアイランド化した東京において濠端は水と緑のオアシスとして機能しており、江戸・明治初期の面影も汲み取ることができるだろう。

外濠公園から古写真と同方向を撮影。手前はJR市ヶ谷駅ホーム。その向こうは外濠

東京メトロ半蔵門線
九段下駅
↓ 1分
01 牛ヶ淵
↓ 16分
02 英国大使館
↓ 10分
03 三宅坂より司法省を望む
↓ 24分
04 四谷見附より市ヶ谷方面を望む
↓ 13分
P48 市ヶ谷
↓ 3分
市ヶ谷駅
都営新宿線

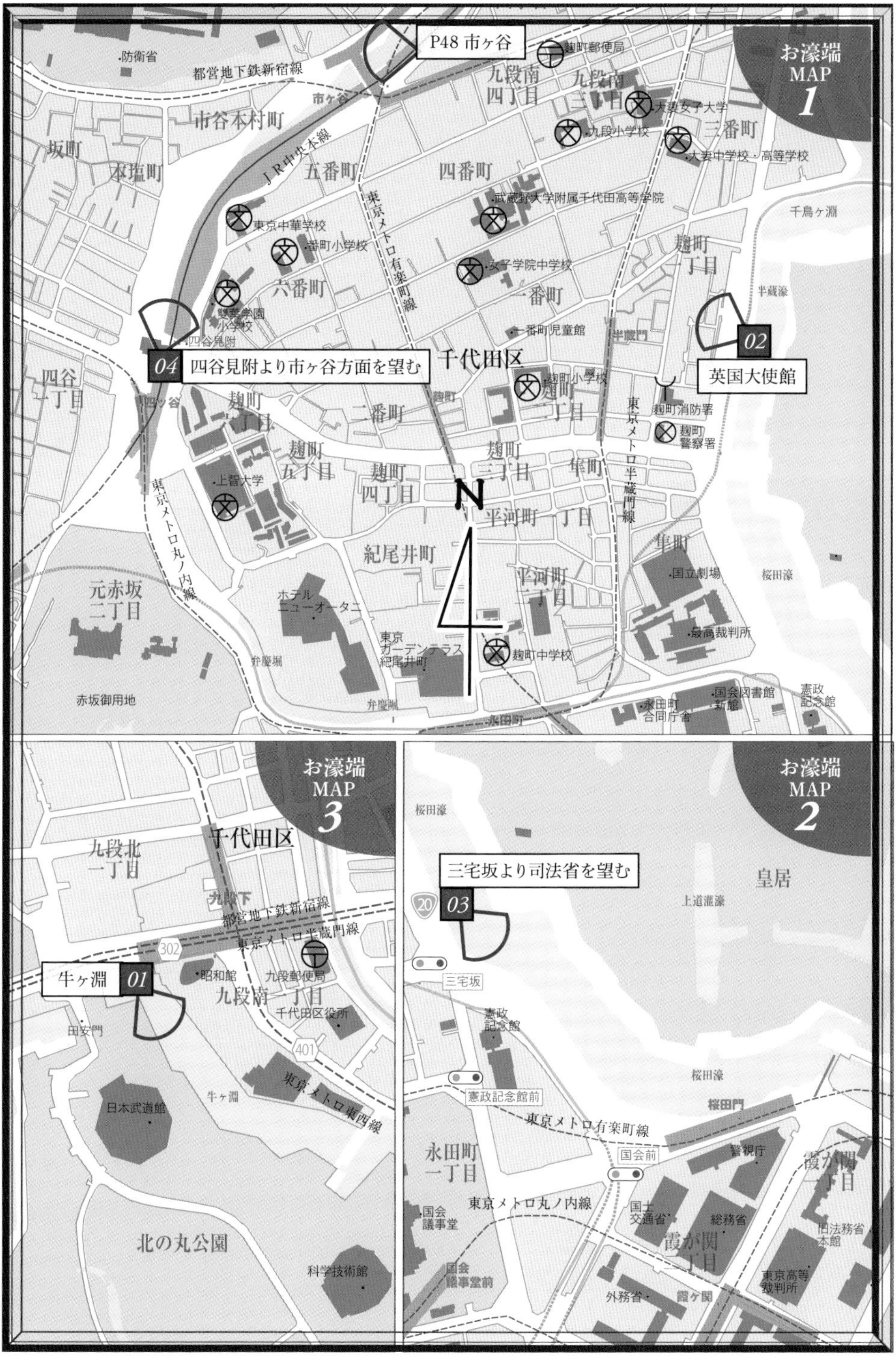
お濠端
MAP
1
P48 市ヶ谷
防衛省
都営地下鉄新宿線
市ヶ谷
麹町郵便局
九段南
四丁目
九段南
三丁目
大妻女子大学
九段小学校
三番町
大妻中学校・高等学校
市谷本村町
坂町
本塩町
JR中央本線
五番町
四番町
東京メトロ有楽町線
武蔵野大学附属千代田高等学院
千鳥ヶ淵
東京中華学校
番町小学校
女子学院中学校
麹町
一丁目
六番町
一番町
半蔵濠
雙葉学園
小学校
四谷見附
一番町児童館
半蔵門
02
英国大使館
04
四谷見附より市ヶ谷方面を望む
千代田区
麹町小学校
四谷
一丁目
四ッ谷
麹町
六丁目
二番町
麹町
麹町
二丁目
東京メトロ半蔵門線
麹町消防署
麹町
警察署
麹町
五丁目
麹町
四丁目
麹町
三丁目
隼町
上智大学
N
平河町一丁目
東京メトロ丸ノ内線
紀尾井町
隼町
国立劇場
桜田濠
平河町
二丁目
元赤坂
二丁目
ホテル
ニューオータニ
最高裁判所
東京
ガーデンテラス
紀尾井町
麹町中学校
弁慶堀
赤坂御用地
弁慶堀
国会図書館
新館
憲政
記念館
永田町
合同庁舎
永田町
お濠端
MAP
3
九段北
一丁目
千代田区
九段下
都営地下鉄新宿線
東京メトロ半蔵門線
302
牛ヶ淵
01
昭和館
九段郵便局
九段南一丁目
千代田区役所
田安門
401
東京メトロ東西線
牛ヶ淵
日本武道館
北の丸公園
科学技術館
お濠端
MAP
2
桜田濠
三宅坂より司法省を望む
皇居
20
03
上道灌濠
三宅坂
憲政
記念館
桜田濠
憲政記念館前
桜田門
東京メトロ有楽町線
永田町
一丁目
国会前
警視庁
霞が関
一丁目
東京メトロ丸ノ内線
国会
議事堂
国土
交通省
総務省
旧法務省
本館
霞が関
二丁目
国会
議事堂前
東京高等
裁判所
外務省
霞ケ関

今
之風景

牛ヶ淵に沿った九段坂の歩道は木が生い茂り、古写真と完全に同じ角度の撮影は難しい。写真は近い位置から撮影。「蕃書調所」が建っていた場所には現在、昭和館、九段会館などが建つ。

草や木がきれいに刈り取られた濠端の風景。幕末〜明治初期撮影。長崎大学附属図書館蔵

01

牛ヶ淵

九段坂の中程（田安門の前辺り）から撮影。中央奥の城門が清水門。その右手前の横に長い洋館は竹橋の近衛砲兵営。向こう岸の手前には「蕃書調所」（海外情勢の調査や洋学教育が行われていた幕府の機関。後に東京大学へと発展）があった。

Close UP

田安門

江戸城北の丸の門。寛永13年（1636）に建てられ、旧江戸城建築遺構のうち最古のもの。国指定重要文化財になっている。

濠の右側は江戸城北の丸（皇居）。日本武道館の裏手にあたる。濠の向こう側は神田や日本橋の方向。

昔
之風景

昔
之風景

02

英国大使館

もともと英国大使館は品川の御殿山に建てられていたが、文久２年（1862）に長州の志士による焼き討ちに遭い、半蔵門の向かいに移った。１万5000坪の敷地があり、本館は銀座煉瓦街を設計したトーマス・ウォートルスによって手掛けられた。

英国大使館の重厚な門。敷地の広さや建物の規模を見れば、近代化を急ぐ日本にとって世界の中心的位置を占めるイギリスは重要な国であったことが伺える。国立国会図書館蔵

今
之風景

トーマス・ウォートルスが設計した建物は関東大震災で倒壊し、現代の本館は昭和５年（1930）築。目の前を交通量が多い内堀通りが走る。敷地の周りは桜並木となっており、千鳥ヶ淵から続く桜の名所となっている。

Close UP

千鳥ヶ淵

江戸城北西側の濠。桜の名所として有名。第二次世界大戦において海外で死亡した身元不明の戦没者の遺骨を納める「千鳥ケ淵戦没者墓苑」があることでも知られる。

なだらかな三宅坂から見える、幅の広い濠。皇居周辺の中で最も視界の開ける開放的なエリアである。明治時代撮影。国立国会図書館蔵

03

昔 之風景

三宅坂より司法省を望む

左手は皇居、右手は三宅坂。奥の建物の中央は大審院、左は司法省。坂の名前は、江戸時代、この坂の途中に三河国田原藩（現在の愛知県田原市）・三宅家の上屋敷（現在の国立劇場周辺）があったことに由来する。

Close UP

旧法務省本館

旧法務省本館はかつての司法省の庁舎。霞ヶ関に唯一現存する赤レンガの建物で、国の重要文化財に指定されている。

今 之風景

堀沿いの「内堀通り」歩道にはたくさんの“皇居ランナー”が走る。奥のビルは警視庁で、輪のついた赤白の塔が目印。警視庁のビルに遮られ、裁判所や旧法務所本館は見えない。

04

昔 之風景

四谷見附より市ヶ谷方面を望む

四谷見附門橋（現在の新四ッ谷見附橋）から撮影したものと思われる。写真に写るのは市ヶ谷濠。甲武鉄道（現在の中央線）の蒸気機関車が濠端を走る。中央線は明治37年（1904）、飯田町駅（現在の飯田橋駅近く）―中野駅間で日本で初めて電化された。

四谷見附より市ヶ谷方面を望む。広い水辺空間と広い空。開放的な景色が広がる。明治後期撮影。国立国会図書館蔵

奥に見える白い建物が陸軍士官学校（現在は防衛省）。市ヶ谷濠は関東大震災の復興時にがれきを処分し、埋め立てられた。

今 之風景

市ヶ谷濠は現在、四ツ谷寄りの半分が埋め立てられ、空堀となっている。水は無くなったが、濠に沿って線路が敷設されている様子だけは昔も今も変わらない。四ッ谷駅ホームにはJR中央線、総武線が分刻みに滑り込んでくる。

Close UP

四谷見附

江戸城三十六見附の一つ、四谷見附。四ツ谷駅の麹町口出口に石垣が残されている。四谷見附は、高麗門・渡櫓門で構成された枡形の門。

08 神田 ～江戸っ子のふるさと～

明治後期の神田青物市場。明るい日差しの中、働く人たちの笑顔が印象的。土蔵造りの白壁もまぶしい。
国立国会図書館蔵

神田明神に見守られた江戸っ子の町

「芝に生まれて神田で育ち、今じゃ火消しのアノ纏《まとい》持ち」と、江戸で流行した端唄にも出てくるように、神田は江戸っ子の町の代名詞。江戸時代には職人が多く住んでおり、旧町名には「紺屋町」「大工町」「鍛冶町」「塗《ぬ》師《し》町」「蝋燭町」など職業を表す名があちこちにあった。神田川や鎌倉河岸が水運、中山道や日光御成道が陸運の集積地となり、様々な物資が運ばれた。中でも神田青物市場が有名である。

青物市場があった神田多町。市場は昭和になり秋葉原へ、平成元年(1989)に大田区へ移転

多町大通りの入口に「神田青果市場発祥之地」の碑がある

JR 中央線
神田駅
↓ 4分
01 神田千代田町材木問屋
↓ 9分
P54 神田青物市場
↓ 8分
02 小川町通り
↓ 12分
03 神田明神
↓ 6分
御茶ノ水駅
JR 中央線

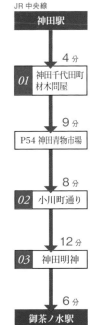

神田
MAP
1
順天堂医院
江戸
神社
神田の家
神田明神
17
東京医科歯科大学医学部附属病院
湯島一丁目
湯島聖堂前
天野屋
03
神田明神
外神田
二丁目
東京医科歯科大学
歯学部附属病院
外神田三丁目
東京メトロ千代田線
御茶ノ水
東京メトロ丸ノ内線
湯島聖堂
神田川
JR中央本線
御茶ノ水
神田駿河台二丁目
神田明神下

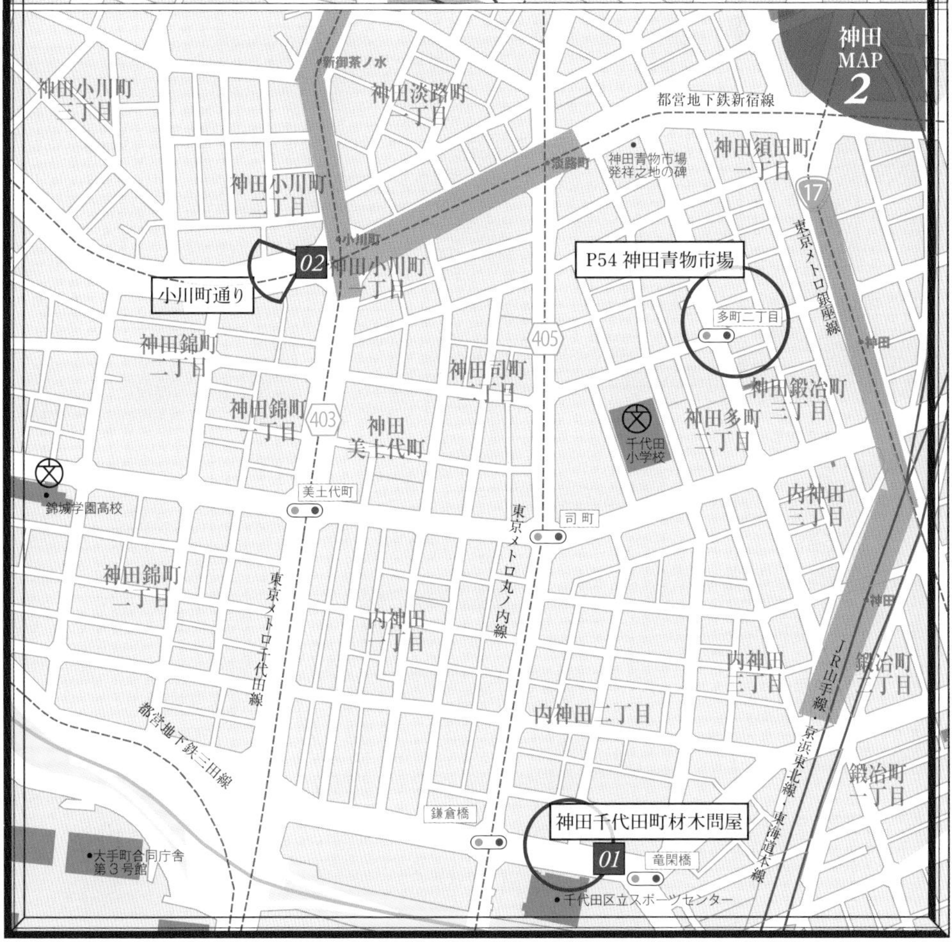
神田
MAP
2
新御茶ノ水
神田小川町
三丁目
神田淡路町
一丁目
都営地下鉄新宿線
淡路町
神田青物市場
発祥之地の碑
神田須田町
一丁目
17
神田小川町
二丁目
小川町
02
神田小川町
一丁目
小川町通り
P54 神田青物市場
多町二丁目
東京メトロ銀座線
神田錦町
二丁目
405
神田司町
二丁目
神田
神田鍛冶町
三丁目
神田錦町
一丁目
403
神田
美土代町
千代田
小学校
神田多町
二丁目
錦城学園高校
美土代町
司町
内神田
三丁目
東京メトロ丸ノ内線
東京メトロ千代田線
神田錦町
二丁目
内神田
一丁目
神田
内神田
三丁目
JR山手線・京浜東北線・東海道本線
鍛冶町
二丁目
都営地下鉄三田線
内神田二丁目
鍛冶町
一丁目
鎌倉橋
神田千代田町材木問屋
01
竜閑橋
大手町合同庁舎
第3号館
千代田区立スポーツセンター

01 神田千代田町材木問屋

撮影場所が明確ではないが、旧町名「神田千代田町」は現在の竜閑橋や鎌倉橋の付近。この地にかつて存在した「鎌倉河岸」は、江戸城を築くときに鎌倉から運ばれた材木や石材を荷揚げした河岸であった。

材木がたくさん立てかけられており、荷車や職人の姿も見える。明治時代撮影。国立国会図書館蔵

外堀通りの竜閑橋交差点から鎌倉橋方面を望む。左側には日本橋川が流れ、その上を首都高速道路が覆っている。通りに材木が並ぶ光景を見ることはできないが、「神田木材企業組合」がこの辺りのビルに事務所を構えている。

Close UP

神田の家

江戸時代から鎌倉河岸で材木商を営んできた遠藤家が、関東大震災後に建てた店舗併用住宅。銘木をふんだんに使用している。平成21年(2009)に千代田区指定有形文化財となり、神田明神の隣に移築された。

小川町駅から靖国通りを神保町方面に向かって撮影。「東明館」があった場所は現在の三省堂書店の位置にあたる。通りにはスポーツ用品や古書店が並ぶ。

賑やかな往来の小川町通り。明治時代撮影。
国立国会図書館蔵

02 小川町通り

何かの奉祝行事であろうか、日の丸の旗や提灯が掲げられ、賑やかな通りである。奥に見える高い建物は「東明館」という勧工場。政府の勧業政策によってできた常設の商品陳列所で、デパートの前身となる。

通りの両側の建物は江戸時代とそう変わらない外観かもしれないが、電信柱が明治ならではの景色である。遥か先に見えるのは「東明館」。

Close UP

古書の街

小川町一帯には明治になるとたくさんの大学が誕生し、学生相手の古本屋や下宿屋が流行った。古書店街は現在も受け継がれ、毎年秋に大規模な古本まつりを開催。

03

神田明神

創建は1300年ほど前に遡り、平将門を奉祀していることで有名。徳川家康が関ヶ原の戦いの戦勝祈願をして天下統一を果たしたことから、以後、江戸時代を通じて「江戸総鎮守」として幕府をはじめ江戸庶民にいたるまで篤い崇敬を受けた。

神田明神の表門にあたる随神門。この写真は明治時代に撮影されたもので、のちに関東大震災で焼失した。国立国会図書館蔵

昔 之風景

今 之風景

総檜で造られた鮮やかな朱塗りの随神門。昭和50年（1975）に昭和天皇御即位50年の記念として再建された。古写真にある石造りの鳥居は現在は無い。青龍・白虎・朱雀・玄武の四神、大国主命と白兎の像が模られている。

Close UP

江戸神社

大宝2年（702）、今の皇居の中に創建された、江戸の地で最古の地主神。幾度かの移転を重ね、元和2年（1616）、神田明神の境内に遷座。

昔 之風景

江戸っ子の信仰が篤かった神田明神。参道の両側には茶店が並んでいた。特に甘酒屋が人気で、甘味の少なかった江戸時代には「富士山に肩を並べる甘酒屋」と句に詠まれるほどの人気だったという。

神田明神参道から見る随神門。明治初期撮影。
長崎大学附属図書館蔵

今 之風景

現在も人々から篤い信仰を集め、正月には約 30 万人が参拝に訪れる。ビジネス街にあり、商売繁盛の神様などを祀るため、仕事始めに会社単位で参拝する人々も多い。参道にはビルが並び、一階は甘酒屋、土産物屋などが営業。

参道は石畳で舗装されている。随神門のすぐ手前に鳥居があり、木が生い茂っている。現在の鳥居は参道の入口に建つ。

Close UP

天野屋

江戸末期から神田明神の参道入口で営業する甘酒屋。店の地下にある土室(むろ)から出される糀を使った甘酒は、砂糖を一切加えない"自然の甘味"。

09 秋葉原

～幻の駅舎を訪ねて～

赤レンガに三角屋根、白い花崗岩がストライプ状にめぐらされた外観。辰野金吾の設計で、後に造られる東京駅の習作的な意味合いがあったとも言われている。明治後期撮影。国立国会図書館蔵

JR 総武線

秋葉原駅

↓ 3分

01 目鏡橋鉄道馬車

↓ 2分

02 万世橋駅前

↓ 1分

P60 万世橋駅

↓ 1分

03 万世橋駅と神田郵便局

↓ 4分

04 昌平橋

↓ 2分

御茶ノ水駅

JR 中央線

時代の先端「アキバ」は鉄道の記憶刻まれる街

現在の万世橋よりやや上流に、江戸城を防衛するために築かれた江戸城三十六見附の一つ、「筋違《すじかい》橋門」があった。中山道へと通じる交通の要衝であり、門の南側は火除けのための広場となっていた。この立地性が注目され、明治四五年（一九一二）、この場所に中央線の起終点として「万世橋駅」が建てられた。駅前は「須田町交差点」で、馬車鉄道や市電が行き交う賑やかな場所であった。

万世橋駅は建築家の辰野金吾が設計した赤レンガ二階建ての駅舎であった。辰野はこの後、東京駅の設計を手がける。大正三年（一九一四）に東京駅、大正八年（一九一九）に神田駅ができると万世橋駅は単なる通過駅となり、関東大震災では駅舎が倒壊。その後、簡素な駅舎が再建されたものの、次第にその役割を縮小していった万世橋駅は、昭和十八年（一九四三）に廃止された。

万世橋駅跡には「交通博物館」があったが、2006 年にさいたま市に移転。現在はオフィスビルが建つ。
明治時代には銀座と並ぶと言われるほどの賑わいがあった駅前だが、現在その面影はない

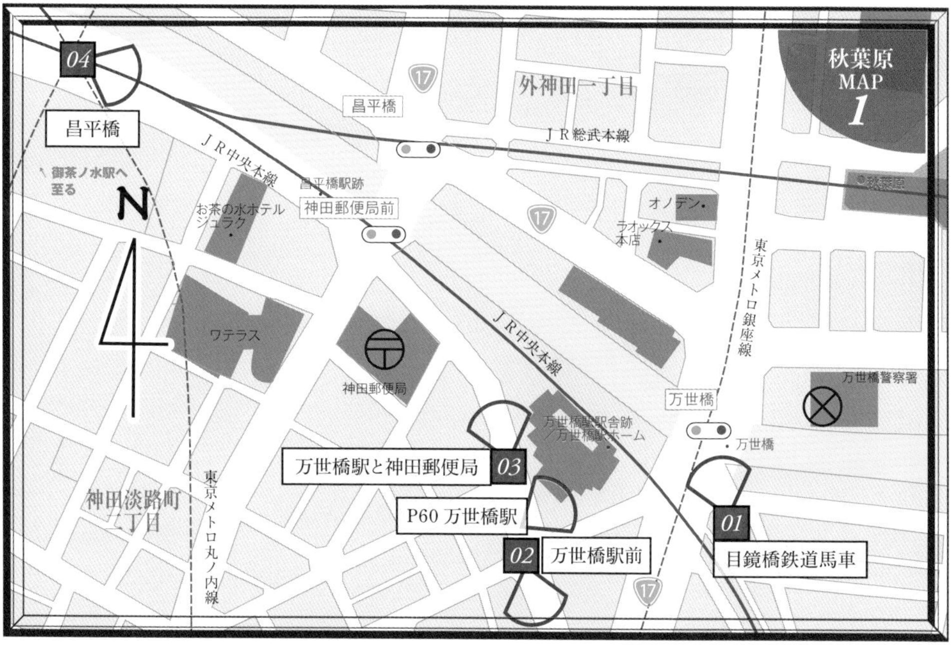

今
之風景

現在の万世橋は車道と歩道のみ。東京では鉄道馬車はもちろん、都電もほとんど廃止され、現在では早稲田〜三ノ輪橋間の都電荒川線が残るのみである。

Close UP

万世橋

万世橋の歴史は江戸城三十六見附の一つ、筋違橋門につながる筋違橋から始まる。その後、橋名変更や移転などを経て、現在の橋は昭和５年（1930）に架橋されたもの。

昔
之風景

01

目《め》鏡《がね》橋鉄道馬車

「目鏡橋」とは万世橋の俗称。半円形の二つの通船路が川面に映る様子が目鏡のようなので、目鏡橋の愛称で呼ばれた。鉄道馬車は明治初期に運行が開始されたが、糞尿処理や餌の供給などの問題があり、電車が登場すると姿を消していった。

万世橋を渡る鉄道馬車。旧町名・神田小柳町（現在の神田須田町）方面から撮影。明治時代撮影。国立国会図書館蔵

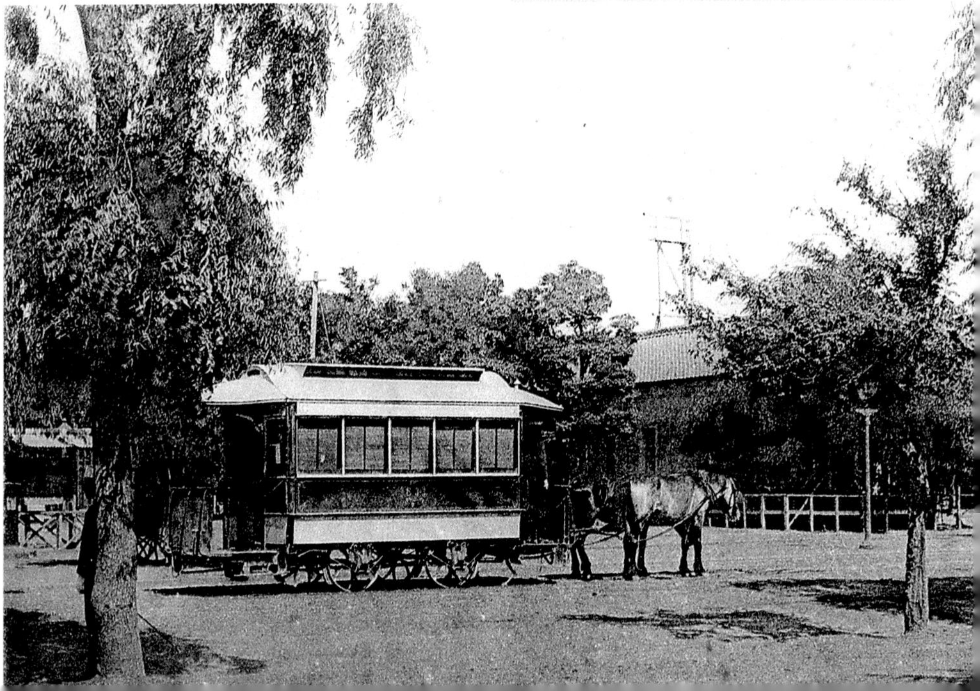

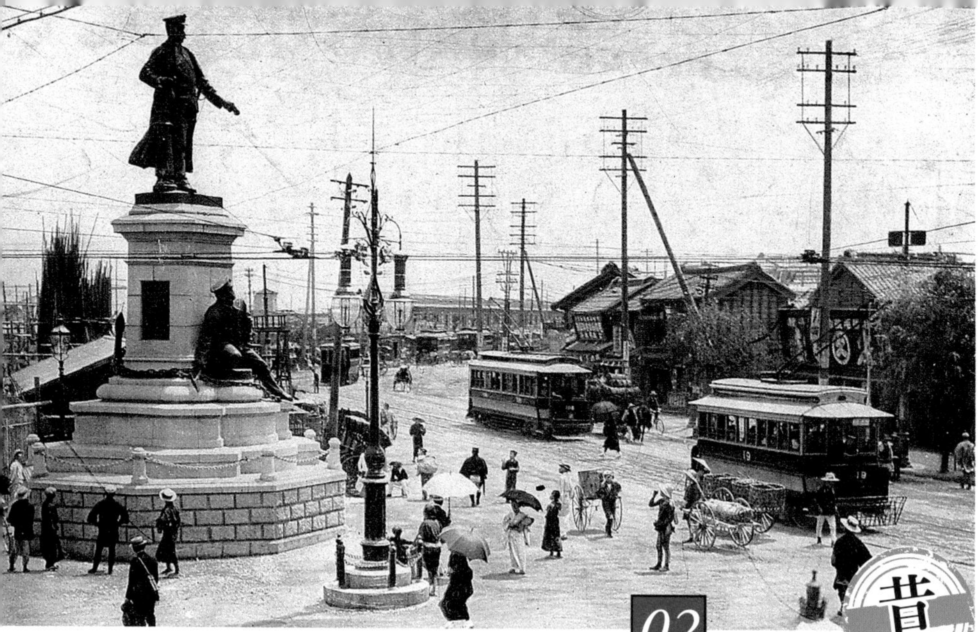

昔
之風景

02 万世橋駅前

万世橋駅前には日露戦争で軍神とされた広瀬武夫中佐の銅像が立っていた。足元には杉野孫七兵曹長。駅前は須田町交差点。市電が行き交い、往時は銀座と並ぶとも言われる賑わいがあったようだ。

季節は夏であろうか、カンカン帽を被ったり、日傘を差している人が見受けられる。明治時代撮影。国立国会図書館蔵

銅像の高さは 11 m。周囲に高い建物が無いため、とりわけ大きく見える。

今
之風景

須田町交差点は関東大震災の復興事業の際、万世橋駅前から 50 mほど南へ移動。広瀬中佐の銅像は昭和 20 年(1945)の終戦後、撤去された。

Close UP

万世橋駅ホーム

JR 中央線の神田駅から御茶ノ水駅の間に、万世橋駅のホーム跡を見ることができる。上り線と下り線の間に挟まれているため、立ち入ることはできない。車窓からの一瞬を逃さずに。

昔
之風景

03 万世橋駅と神田郵便局

中央を走るのは市電の線路。左は神田郵便局、右は万世橋駅で、御茶の水方向を望む。万世橋駅舎の奥に続く赤レンガアーチ高架橋を見ることができる。万世橋駅舎は一等二等待合室、食堂、バー、会議室などを備える豪華な造りであった。

ヨーロッパの都市のような美観を生み出した万世橋駅前。

万世橋駅と神田郵便局。二つの洋風建築が向かい合い、ヨーロッパのような風景が生み出されている。明治後期撮影。国立国会図書館蔵

今
之風景

万世橋駅舎は消えたが、赤レンガアーチ高架橋は現在も残る。神田郵便局はオフィスビルに生まれ変わり、現在も同じ場所にある。

Close UP

万世橋駅　駅舎跡

万世橋の上から神田川沿いに万世橋駅の遺構を見ることができる。レンガの建物は「マーチエキュート神田万世橋」という商業施設として活用されている。

昔
之風景

04

昌平橋

内神田（神田川の南側）の土手から撮影。神田川に架かる木橋は昌平橋。寛永年間（1624～1644）に架橋されたと伝えられている。当初は「一口橋」や「芋洗橋」と呼ばれたが、湯島聖堂の建設に際し、孔子生誕地である魯国の昌平郷にちなんで改名された。

舟のあるあたりは荷揚場だった昌平河岸。右側の土手の上には現在、JR 中央・総武線が走っている。明治初期撮影。横浜開港資料館蔵

Close UP

昌平橋駅跡

万世橋駅が出来るまでの間、明治 41 ～ 45 年（1908 ～ 1912）まで設置された仮の駅。昌平橋の南詰にあった。写真は昌平橋駅の入口。

左の岸辺は外神田（現在の秋葉原）の町並み。

御茶ノ水駅から東へ走り、中央線と総武線の線路が分岐するあたり。線路に平行して神田川が流れる。その北側には秋葉原電気街の町並み。

今
之風景

10 お茶の水

～上水道の通り道～

現在のお茶の水橋辺りから神田川の上流方向を写す。ここを流れる神田川は、江戸時代に工事が行なわれて切り拓かれた。人工の川でありながら、自然豊かな渓谷美が出現している。明治初期撮影。横浜開港資料館蔵

江戸に暮らす人々の喉を潤した上水

「お茶の水」の地名は、かつてここにあった高林寺の庭から清水が湧き出し、それを二代将軍秀忠が飲んだことに由来する。ここを流れる神田川は、幕府が入り江の埋め立てのために小山だったこの地を開削し、平川の流路を付け替えて造られた。その神田川を横切る形で、神田上水の「懸樋《かけひ》」が架けられる。神田上水は江戸で初めて作られた上水で、徳川家康に命じられた家臣の大久保忠行が小石川の水を使った「小石川上水」を作ったことに始まり、のちにそれが拡張されて神田上水となった。井の頭池を水源として目白台を経由、神田川を横断して神田橋へと至るルートであった（のちに神田上水だけでは水が不足し、玉川上水が作られる）。

当時の日本、そして世界でも、江戸のように水道が発達した都市は他に無く、「水道の水を産湯につかい」というのが江戸っ子の自慢であった。「お茶の水」「神田川」「神田上水」…水にゆかり深い地である。

JR 中央線
御茶ノ水駅
↓ 1分
P66 お茶の水
↓ 1分
01 お茶の水橋
↓ 4分
02 ニコライ堂
↓ 3分
03 神田上水懸樋
↓ 4分
04 水道橋
↓ 1分
水道橋駅
JR 総武線

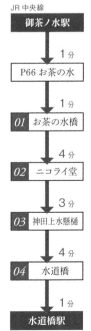

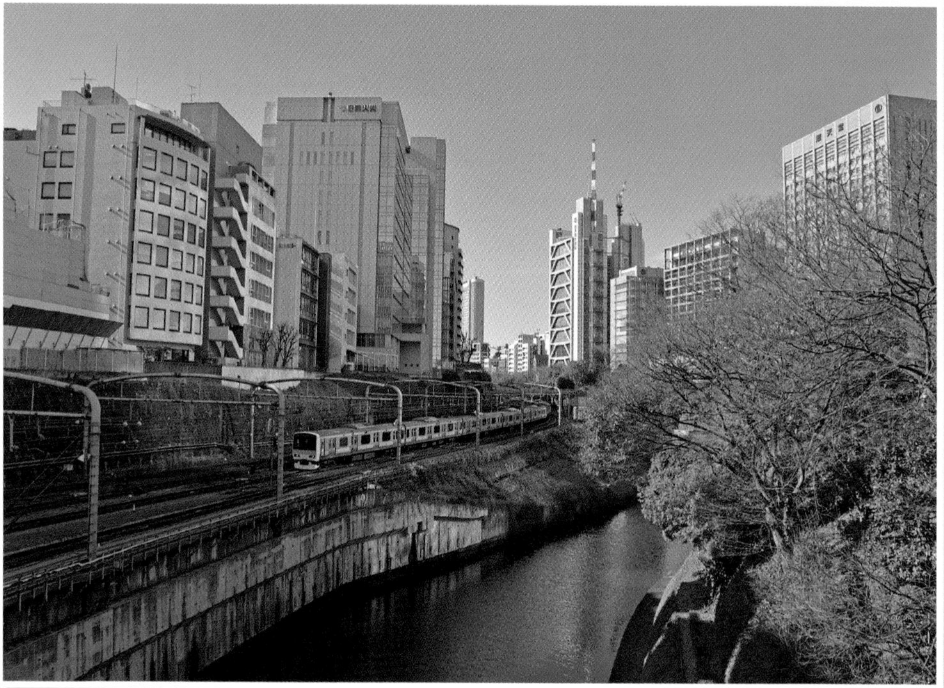

周りに高いビルがあるせいか、神田川の岸に古写真のような迫力は感じられない

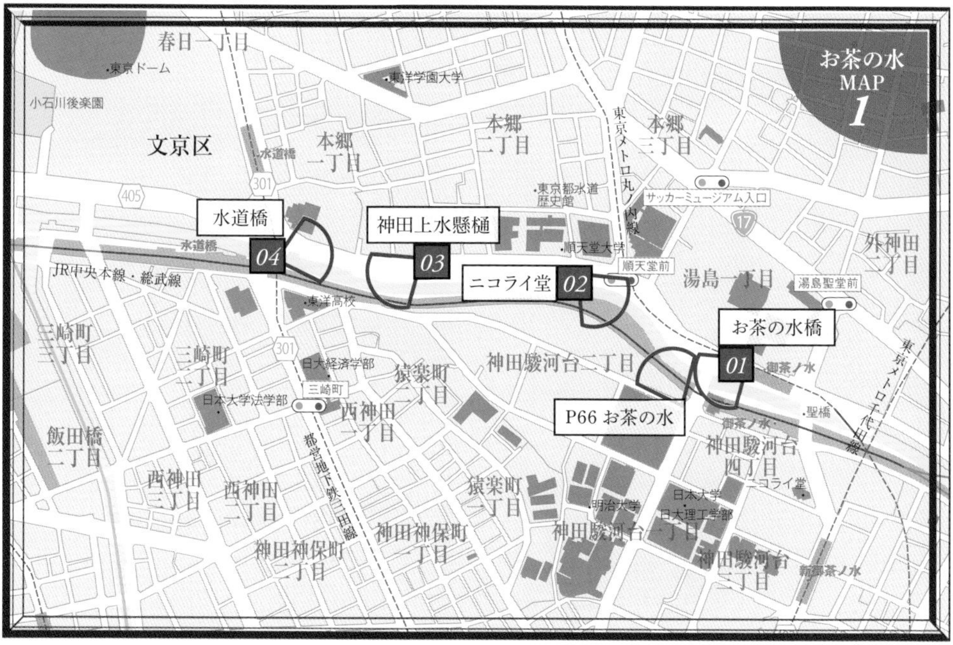

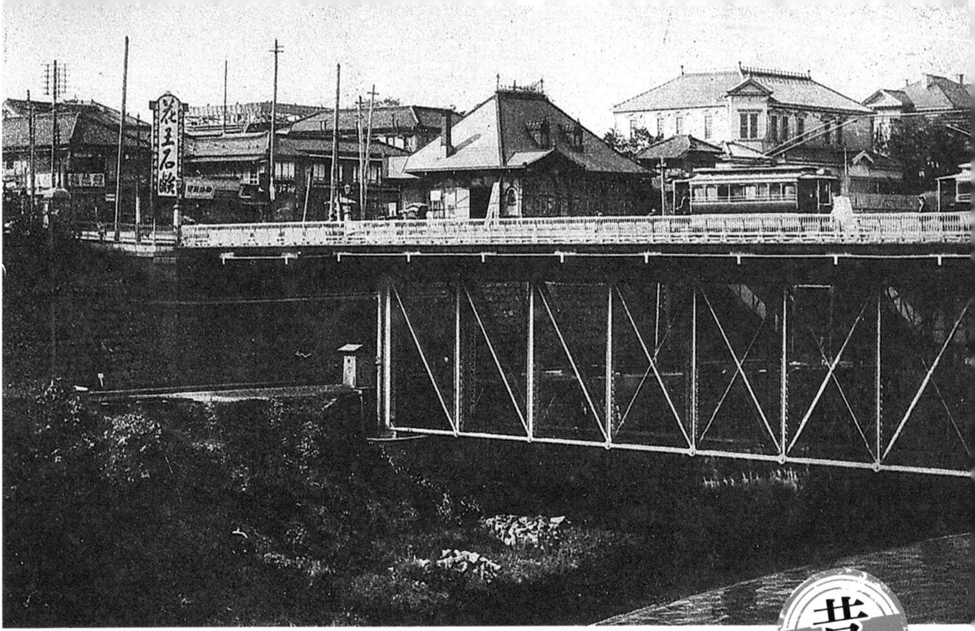

昔
之風景

01 お茶の水橋

神田川に架かるお茶の水橋。湯島側（北側）から駿河台方面（南側）を撮影。中央の三角屋根は御茶ノ水駅の駅舎。橋の造りは鉄骨トラス構造で、橋の上を路面電車が走っていた。

明治後期撮影。「花王石鹸」の看板が大きく目に入る。橋の上では両方向から来た路面電車がすれ違っている。国立国会図書館蔵

橋の下に中央線の線路が見える。その更に下を流れるのは神田川。駅舎の位置は変わったが、橋、鉄道、川がクロスする様は変わらない。

神田川沿いは木々に覆われ、同じ角度からでは橋をよく見る事はできない。現在の橋は昭和6年（1931）架橋。御茶ノ水駅舎は橋の東側に移転した。お茶の水周辺の大学に通う学生が多く行き交う橋である。

Close UP

東京都水道歴史館

江戸から東京へ、人々の暮らしを潤してきた水道について展示する博物館。文京区本郷 2-7-1
TEL03-5802-9040

02

昔 之風景

ニコライ堂

「東京復活大聖堂」通称ニコライ堂は明治24年（1891）竣工。ニコライ堂の名称は建設を進めたニコライ・カサートキン（日本に正教を伝道したロシア人宣教師）にちなむ。日本の近代建築に半生を捧げた「お雇い外国人」ジョサイア・コンドルが実施設計を行った。

神田川を上流から下流に向かってニコライ堂を眺める。手前はお茶の水橋。護岸は渓谷の様相を呈している。国立国会図書館蔵

関東大震災で一部倒壊し、修復。日本初のビザンチン様式の教会建築で、国の重要文化財に指定されている

今 之風景

現在、御茶ノ水駅付近の神田川の川岸に下りることはできず、古写真と同じ撮影ポイントを歩くことは難しいため、JR中央線の車窓より撮影。ビルの陰に隠れてニコライ堂は見えない。

Close UP

聖橋

お茶の水橋の東側に位置する橋。昭和2年（1927）竣工。橋の名は、北側の「湯島聖堂」と南側の「ニコライ堂」を結ぶ橋であることから名付けられた。

今
之風景

淀橋浄水場からの水道水が整備されたため、懸樋は明治 34 年(1901)に撤去された。神田川の護岸はコンクリートで固められ、川の流れのみが古写真の面影を残す。川に沿って JR 中央・総武線が走る。

現在、懸樋が架かっていた場所には「神田上水懸樋跡」の石碑がひっそりと立っている。

03

神田上水懸樋《かけひ》

昔
之風景

江戸の町は埋め立て地、あるいは海に近かったため、井戸水を飲用にあてることは難しかった。そのため上水が整備された。写真は神田上水の懸樋（上水を通す橋）で、本郷台から神田川を越えて、神田や日本橋方面へ水を送るために架けられた。

Close UP

懸樋

右の写真は東京都水道歴史館にある神田上水懸樋の模型。木造で、屋根は銅板で張られていた。

明治初期撮影の神田川と懸樋。右の本郷台（北）から左の駿河台（南）へと上水が送られた。着物姿の少年が二人、こちらを見つめている。横浜開港資料館蔵

昔 之風景

04

水道橋

手前の木の橋が水道橋。現在より少し下流に位置していた。奥に神田上水の懸樋を望むことができることから、「水道橋」の名が付けられた。神田川沿いにお茶の水坂の勾配を見ることができる。坂に沿って旗本屋敷が並んでいる。

下流に懸樋が見える。木の板を一枚一枚はっきりと見ることができ、懸樋の形がよくわかる写真。明治初期撮影。横浜開港資料館蔵

今 之風景

水道橋駅東口の水道橋（白山通り）より神田川下流方向を撮影。橋を渡ったところには都立工芸高校。神田川に架かる懸樋はもちろん無い。お茶の水坂は現在は外堀通りになっている。

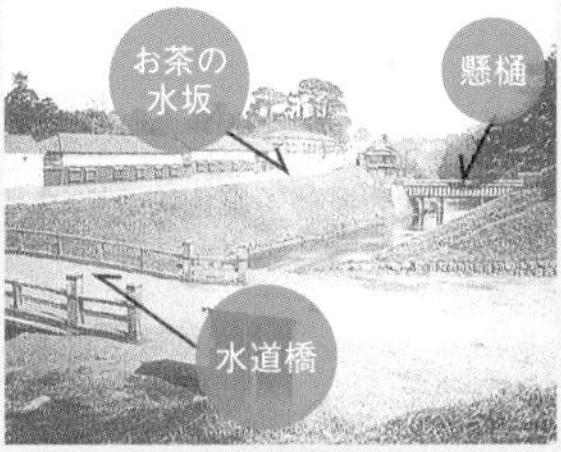

水道橋と懸樋の位置関係がよくわかる。「水道橋」という地名の由来を読み解くことができる１枚。

Close UP

小石川後楽園

水戸徳川家上屋敷跡。園内に「神田上水跡」の水路が残る。文京区後楽1-6-6　TEL 03-3811-3015

11 浅草
～人通り絶えぬ観光名所～

雷門仲見世。明治後期撮影。レンガ造りの洋風な近代仲見世。通り沿いにずらりと店が並び、多くの人が店を見ながらそぞろ歩く様子は、今と変わらない。国立国会図書館蔵

かつての漁村は、時を経て東京一の観光地に

浅草発展の中心となった浅草寺の起原は、約一四〇〇年前に遡る。隅田川で漁をしていた漁師が仏像を拾い上げ、これを祀ったのが始まりだった。

江戸時代に入ると、境内で掃除の賦役を課せられていた人々に、出店営業の特権が与えられる。こうして、今に続く仲見世の商店街は形成されていった。明治維新を迎えるとその特権は奪われるが、明治十八年（一八八五）にレンガ造りの近代的な仲見世が造られ、震災や戦災を経て現在は朱塗りの商店街が築かれている。

吉原や六区など、歓楽街としての一面も併せ持つようになった浅草は、今も東京一の観光名所であることに変わりはない。

長さは約250mに及ぶ。仲見世通りには、菓子や玩具など、みやげ店が並ぶ

東京メトロ銀座線

- 浅草駅
- ↓ 1分
- P72 仲見世
- ↓ 4分
- 01 浅草寺本堂
- ↓ 1分
- 02 五重塔
- ↓ 6分
- 03 浅草公園第六区
- ↓ 3分
- 04 凌雲閣（浅草十二階）
- ↓ 13分
- 05 鷲神社
- ↓ 8分
- 06 新吉原
- ↓ 11分
- 三ノ輪駅

東京メトロ日比谷線

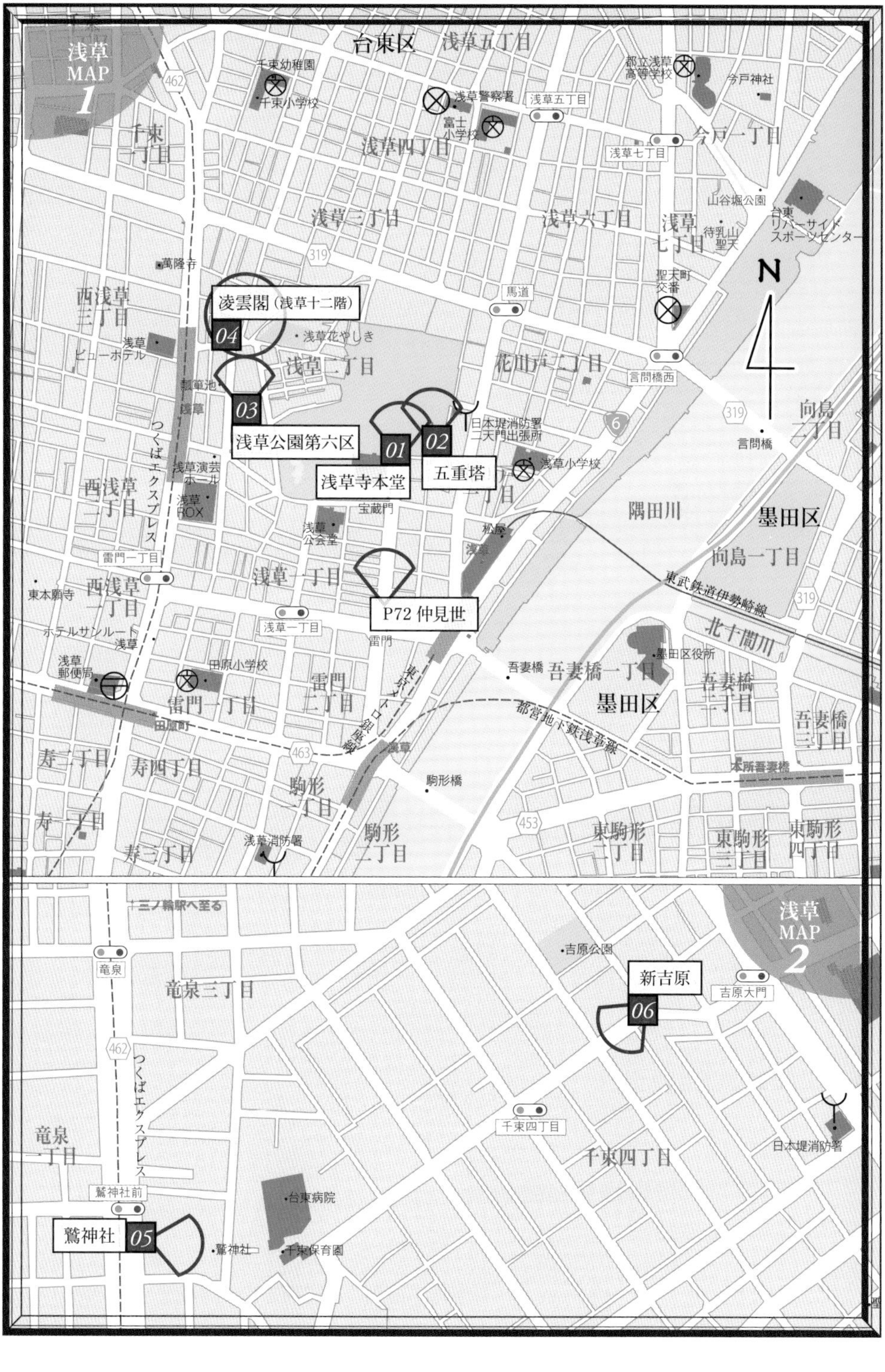
浅草
MAP
1
台東区
浅草五丁目
462
千束幼稚園
千束小学校
浅草警察署
富士小学校
浅草五丁目
都立浅草高等学校
今戸神社
浅草七丁目
今戸一丁目
千束一丁目
浅草四丁目
山谷堀公園
浅草三丁目
浅草六丁目
浅草七丁目
待乳山聖天
台東リバーサイドスポーツセンター
319
萬隆寺
馬道
聖天町交番
N
西浅草三丁目
凌雲閣（浅草十二階）
04
浅草花やしき
浅草ビューホテル
浅草二丁目
花川戸二丁目
言問橋西
瓢箪池
03
浅草公園第六区
01
02
日本堤消防署二天門出張所
6
319
言問橋
向島二丁目
つくばエクスプレス
浅草演芸ホール
浅草寺本堂
五重塔
浅草小学校
浅草ROX
西浅草二丁目
宝蔵門
隅田川
墨田区
松屋
浅草公会堂
雷門一丁目
向島一丁目
東本願寺
西浅草一丁目
浅草一丁目
P72 仲見世
東武鉄道伊勢崎線
319
浅草一丁目
北十間川
ホテルサンルート浅草
雷門
浅草郵便局
田原小学校
吾妻橋
吾妻橋一丁目
墨田区役所
吾妻橋二丁目
雷門一丁目
雷門二丁目
東京メトロ銀座線
墨田区
田原町
都営地下鉄浅草線
吾妻橋三丁目
寿三丁目
寿四丁目
463
浅草
駒形一丁目
本所吾妻橋
駒形橋
寿一丁目
453
浅草消防署
駒形二丁目
寿二丁目
東駒形二丁目
東駒形三丁目
東駒形四丁目
↑三ノ輪駅へ至る
浅草
MAP
2
吉原公園
竜泉
竜泉三丁目
新吉原
06
吉原大門
462
つくばエクスプレス
千束四丁目
竜泉一丁目
日本堤消防署
千束四丁目
鷲神社前
台東病院
鷲神社
05
鷲神社
千束保育園

01

浅草寺本堂

昔
之風景

浅草寺旧本堂。明治後期撮影。本堂前の４基の大灯籠や本堂中央に下がる大提灯。周囲に建屋もあまり無く、迫力をより一層感じられる。国立国会図書館蔵

昭和20年（1945）３月の東京大空襲で焼失する前の旧本堂（国宝）である。慶安２年（1649）、３代将軍徳川家光が建立した木造の建築物だった。この日は七五三であろうか、写真には親に手を引かれた晴れ着姿の子どもたちが見える。

今
之風景

現本堂は昭和33年（1958）に再建された。鉄筋コンクリート造だが、旧本堂の形態を踏襲している。屋根の勾配が急で、他の寺院に比べ棟が高くなっているのが特徴。台東区浅草2-3-1　TEL 03-3842-0181　6:00 ～ 17:00（10月～３月は６：30開堂）

Close UP

雷門

正式には「風雷神門」。慶応元年（1865）に焼失したが、昭和35年（1960）、松下幸之助の寄進によって95年ぶりに再建された。

右端にそびえる五重塔。そして左側に見える大きな瓦葺きの建物が旧本堂である。

浅草寺五重塔。明治10年（1877）頃撮影。弁天池の傍らに建つ端正な五重塔、そして左手に見える本堂。静かな寺の雰囲気を感じる一枚である。放送大学附属図書館蔵

02

昔 之風景

五重塔

天慶5年(942)、平公雅（たいらのきんまさ）が本堂と共に建立し、その後数度にわたり倒壊・炎上に遭ったが、その都度再建された。写真にあるのは家光が建立したもので、やはり戦災で焼失。手前は弁天池で、明治19年(1886)に埋め立てられた。

今 之風景

五重塔の位置が左へ移動。仲見世の高さはあまり変わらないが、周りの建物は高くなっている

明治初年の浅草仲店。板葺きの店が建ち並ぶ奥に旧本堂と五重塔が顔をのぞかせる。国立国会図書館蔵

五重塔は旧本堂などと同じく昭和20年(1945)の空襲で焼け落ちたが、昭和46年(1971)、鉄筋コンクリート造による新塔が再建された。最上層に聖仏舎利（釈迦の遺骨）を奉安する。場所は以前の本堂東側ではなく、南西側に移された。

昔 之風景

03

浅草公園第六区

明治6年(1873)、浅草寺境内は浅草公園と命名され、同 17 年(1884)に一区から七区に区画された。その際、浅草寺裏の「浅草田圃」に造成されたのが第六区だ。劇場や「大勝館」(写真手前)などの活動写真館が造られ、歓楽街となった。

浅草公園第六区。明治 43 年(1910)撮影。娯楽施設が多かった六区。老若男女を問わず、非常に多くの人々が詰めかけ、賑わっている様子が見える。国立国会図書館蔵

今 之風景

「浅草六区ブロードウェイ」と呼ばれる商店街になっている。飲食店や、昔ながらの映画館、浅草演芸ホールなどが建ち並ぶ。写真右手奥は場外馬券場だが、昭和 26 年(1951)に埋め立てられるまで瓢箪池があった場所に当たる。

手前に見えるのが活動写真館の「大勝館」。そして一番奥に高くそびえ建つレンガ造りの塔が凌雲閣である。

Close UP

浅草花やしき

嘉永 6 年(1853)開園で、日本最古の遊園地とされる(開園当時は植物園)。一度取り壊されたが、昭和 22 年(1947)に復活。

04

凌雲閣（浅草十二階）

高層建築物の先駆けとなった12階建ての塔。明治23年（1890）に開業し、浅草のランドマークとなった。しかし、関東大震災で8階より上が崩落。経営難から再建されることもなく、解体された。写真手前は瓢箪池。

昔 之風景

浅草凌雲閣。明治中期撮影。当時としては珍しい高層建築で、上からは人が豆粒のように見えると言われた。隣の建物と比べてもその高さがよく分かる。国立国会図書館蔵

Close UP

瓢箪池

瓢箪池の名で親しまれた瓢箪型の池。戦後、五重塔再建のために埋め立てられ、現在その姿を見ることは出来ない。国立国会図書館蔵

今 之風景

凌雲閣の跡地は、浅草東映劇場などを経て現在はパチンコ店が建っている。店舗の前には凌雲閣史蹟保存の会による「浅草凌雲閣記念碑」が設置され、この地に「東京一の観光名所」があったことを今に伝えている。

昔 之風景

酉の市。明治後期撮影。熊手を争って買い求める人々が集まっている。下の子の面倒を見る子ども達の姿も見える。国立国会図書館蔵

05 鷲《おおとり》神社

日本武尊（やまとたける）が東征に際して戦勝を祈願し、帰途、社前の松に武具の熊手をかけて勝ち戦を祝ったことから、毎年11月、「酉の市」が行われるようになった。写真はその「酉の市」の様子で、境内の賑わいを伝えている。

Close UP

酉の市の錦絵

米俵や小判の付いた大きな熊手を小僧が苦しそうに担いでいる。酉の市では、福を掻きこむ縁起物として、おかめの面や宝船などを付けた熊手が売られていた。国立国会図書館蔵

今 之風景

現在、都内10数カ所で酉の市が開催されているが、江戸時代から続くのは、ここ鷲神社と、足立区花畑の大鷲（おおとり）神社だけという。酉の市では「かっこめ」と呼ばれる、竹熊手に稲穂や札をつけたお守りが授与される。

台東区千束3-18-7　TEL 03-3876-0010

今 之風景

吉原唯一の出入口だった大門があった場所には、現在は標柱が建てられている。この手前の道は、土手通りから遊郭が見通せないようS字状になっており、この道を含め、吉原の地形は江戸時代とほとんど変わっていない。

Close UP

山谷堀公園

江戸時代は隅田川から続く水路で、吉原への通路として利用された。ここを通り吉原へ行くことを「山谷通い」と呼んだ。

06

昔 之風景

新吉原

現在の日本橋人形町（元吉原）から浅草に遊郭が移転したのは明暦3年（1657）。「新吉原」と呼ばれた。明治14年（1881）には、遊郭に鉄製の大門が完成する。門の奥に写る通りは仲之町通り、建物は客を娼家に案内する「引手茶屋」と思われる。

吉原の大門。明治中期撮影。吉原の正面玄関である大門。出入りはここからしか出来なかった。道の真ん中には桜が植えられているのが見える。中央区立京橋図書館蔵

12 向島
～桜並木に彩られた花街～

向島の桜。明治後期撮影。和服姿が多いが、ハットをかぶった洋装の人も見える。露店が並び、花見を楽しむ明るい雰囲気のある写真である。国立国会図書館蔵

都営浅草線
本所吾妻橋駅
↓ 5分
01 枕橋
↓ 4分
02 竹屋の渡し
↓ 7分
P80 向島の桜
↓ 15分
03 向島百花園
↓ 24分
04 鐘淵紡績
↓ 7分
堀切駅
東武伊勢崎線

江戸の庶民が楽しんだ桜は今も咲き続ける

隅田川のほとりに立ち並ぶ桜は、八代将軍徳川吉宗の命により植えられたと言われる。以来、風光明媚な行楽地として、庶民に親しまれることになった。

明治に入ると向島は花街として発展する。戦時中こそ営業停止となったが、戦後復興とともに全盛期を迎えることになる。だが、景気低迷の影響もあってか、かつての賑わいは失われてきた。

それでも墨堤の桜は、多くの花見客で賑わった明治時代と同じように、春の風物詩として多くの人の目を楽しませている。

現在は隅田公園として整備されており、公園内には1000本もの桜の木がある

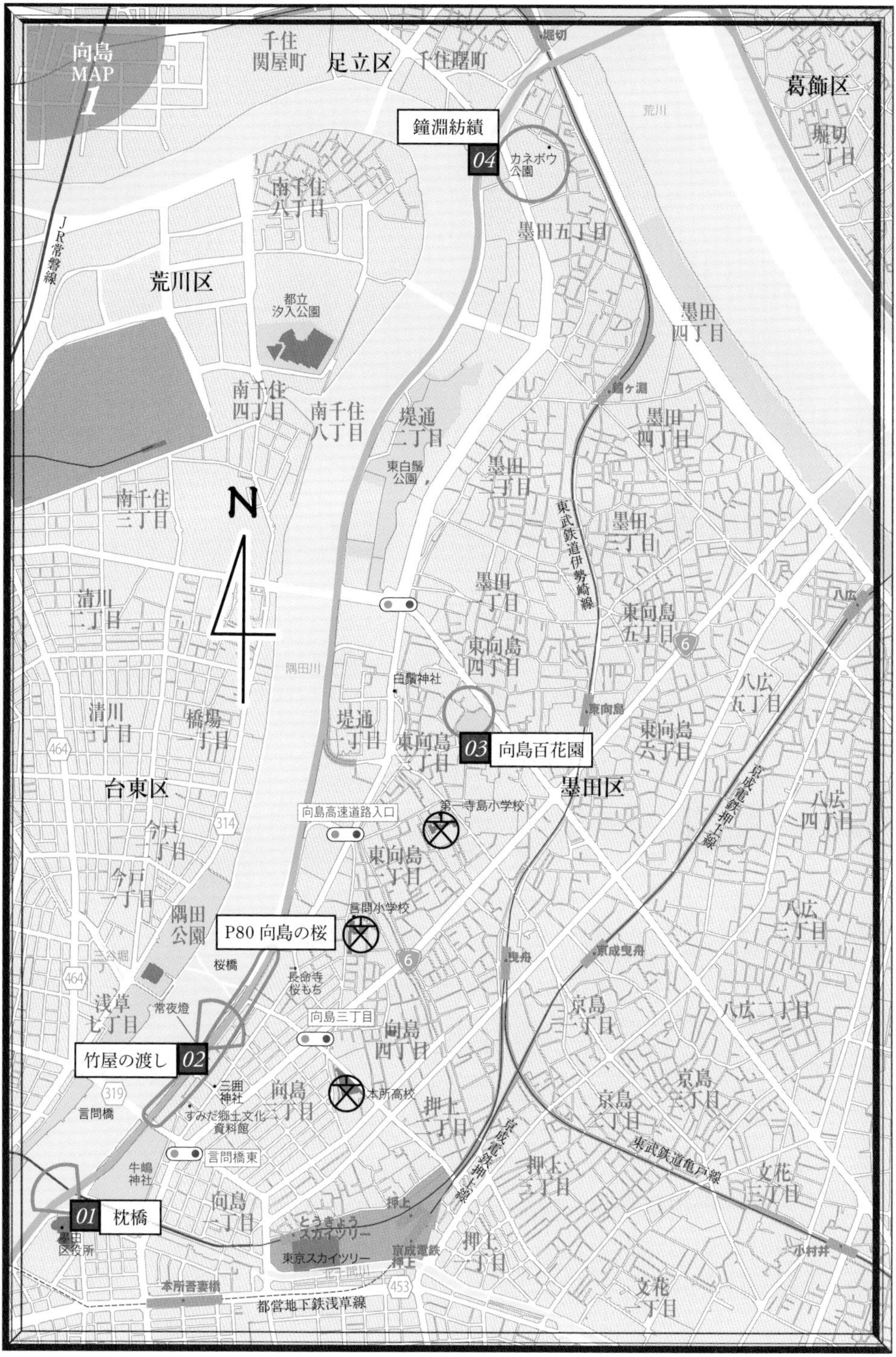
向島 MAP 1
千住関屋町
足立区
千住曙町
堀切
葛飾区
荒川
堀切一丁目
鐘淵紡績
04
カネボウ公園
南千住八丁目
墨田五丁目
JR常磐線
荒川区
都立汐入公園
墨田四丁目
鐘ヶ淵
南千住四丁目
南千住八丁目
堤通二丁目
東白鬚公園
墨田四丁目
墨田二丁目
南千住三丁目
N
東武鉄道伊勢崎線
墨田三丁目
墨田一丁目
清川二丁目
東向島五丁目
八広
東向島四丁目
隅田川
白鬚神社
八広五丁目
清川一丁目
橋場一丁目
堤通一丁目
東向島
東向島二丁目
03
向島百花園
東向島六丁目
464
台東区
墨田区
京成電鉄押上線
向島高速道路入口
第一寺島小学校
八広四丁目
314
今戸二丁目
東向島一丁目
今戸一丁目
言問小学校
隅田公園
P80 向島の桜
八広三丁目
三谷堀
6
曳舟
京成曳舟
桜橋
長命寺桜もち
464
浅草七丁目
常夜燈
向島三丁目
京島一丁目
八広二丁目
向島四丁目
竹屋の渡し
02
三囲神社
本所高校
京島三丁目
319
向島二丁目
押上二丁目
京島二丁目
言問橋
すみだ郷土文化資料館
京成電鉄押上線
言問橋東
東武鉄道亀戸線
牛嶋神社
押上三丁目
文花三丁目
向島一丁目
01
枕橋
押上
とうきょうスカイツリー
墨田区役所
東京スカイツリー
京成電鉄押上
押上一丁目
小村井
北十間川
453
本所吾妻橋
文花一丁目
都営地下鉄浅草線

01

昔 之風景

枕橋

隅田川に注ぐ北十間川の河口近くに架かる橋が枕橋である。写真は枕橋の上から隅田川の方向を望んだものと思われる。橋のたもとには「山の宿の渡し」という渡し場があり、写真にも停泊する多くの舟が写っている。

枕橋。明治後期撮影。江戸時代初期に開削された運河である北十間川。物流の役割も大きく、多くの舟が行き来していた。国立国会図書館蔵

手前を流れる川が北十間川、その奥に直角に流れているのが隅田川である。奥には浅草の町がかすんで見える。

Close UP

牛嶋神社

枕橋そばの「隅田公園」に隣接する神社。貞観年間（859 ～ 879）の創建と伝えられる。かつては牛御前神社とも呼ばれ、境内には狛牛や撫で牛などがある。

今 之風景

河口には水害を防ぐための水門が設けられ、さらにその上を首都高速が走る。そのため、橋上から隅田川はほぼ見えなくなっている。現在の橋は昭和 3 年（1928）に架けられたもので、昭和 63 年（1988）に東京都著名橋に指定された。

今
之風景

現在この場所には、渡し場があったことを偲ばせるものはない。歩道はきれいに舗装され、隅田川を悠然と往来するのは様々な形の遊覧船だ。人力で櫂を漕ぎ、対岸に人を渡していたとは、今や想像することすら難しい。

Close UP

常夜燈

明治初期、この近くにあった牛嶋神社の氏子により建立された（牛嶋神社は関東大震災後、現在地へ移転）。隅田川を往来する舟のための灯台で、墨堤を照らす明かりも兼ねていた。

昔
之風景

02

竹屋の渡し

かつて隅田川には数多くの渡し場があった。竹屋の渡しは「向島の渡し」とも呼ばれ、西岸の山谷堀とを結んでいたが、昭和３年（1928）の言問橋完成後に廃止された。渡し場の近くには、芸者と思しき着物姿の女性たちの姿も見える。

隅田川を挟んで手前が向島、奥に薄く見えるのが浅草である。言問橋が出来るまで、舟で行き来されていた。

竹屋の渡し。明治後期撮影。花見の時期のため多くの人が集まっている。カメラを意識してか、手前の人たちが皆カメラ目線になっているのが面白い。国立国会図書館蔵

向島百花園。明治後期撮影。藤棚であろうか、蔦の絡まる木陰の茶店で2人の男性が休んでいる。茶店ではお茶や梅干が出されていた。国立国会図書館蔵

昔 之風景

03

向島百花園

文化・文政の時代（1804～1830）、骨董商・佐原鞠塢（きくう）が造った庭園が始まりで、狂歌師の大田南畝（なんぽ）など多くの文人墨客が集う場となった。写真には、生い茂った緑に囲まれて、キセル片手にお茶を楽しむ姿が残されている。

Close UP

長命寺桜もち

享保2年（1717）、創業者の山本新六が桜の葉を塩漬けにした桜もちを考案、長命寺門前で売り出したのが始まりという。

園内は決して広くはないが、萩や藤など四季折々の植生を楽しめるほか、縁の文人たちの石碑も多数設置されている。　墨田区東向島3-18-3　TEL 03-3611-8705　入園料 一般及び中学生150円　9：00～17：00（入園は16：30まで）　年末・年始休園

今 之風景

広大な東京工場の一画は現在、「カネボウ公園」と名付けられた小さな公園となっていて、園内に「鐘淵紡績株式会社発祥の地碑」が建てられている。

昔
之風景

04

鐘淵紡績

鐘淵紡績株式会社（のち「鐘紡」「カネボウ」と社名変更）は明治20年（1887）に東京府南葛飾郡隅田村字鐘ヶ淵に設立された。紡績産業は近代日本経済を牽引する役割を担い、カネボウは繊維のみならず化粧品・食品・薬品・日用品など幅広い事業を展開して隆盛を極めるが、2007年に会社は解散。

Close UP

堀切駅

最寄りの「堀切駅」は大正13年築。木造平屋建てで、赤くかわいらしい三角屋根が特徴。駅の目の前の荒川の土手は、テレビドラマ「3年B組金八先生」で何度も登場した。

鐘紡の工場は全国に造られたが、こちらは東京工場。明治後期撮影。この頃、墨田区には現在の花王、ライオン、資生堂、アサヒビールなどの工場も建てられ、一大工業地帯となっていた

13

両国

～力士と才人を育む町～

両国橋。明治中期撮影。千住大橋に続いて隅田川で２番目に架けられた橋。明治８年（1875）には木橋として最後の架け替えが行われた。国立国会図書館蔵

JR 総武本線
馬喰町駅
↓ 4分
01 両国橋
↓ 2分
02 両国百本杭
↓ 2分
P86 両国橋
↓ 4分
両国駅
JR 総武線

江戸から受け継がれた才気溢れる文化の土壌

勧進相撲が行われた回向院、そして現在の国技館へ。両国は確かに相撲の街だ。しかし、それ以外の面に目を向けたとしても、この街が持つ歴史の奥行きは多彩な広がりを見せる。

両国橋は幾度も架け替えられ、急流から岸を護るために数多くの杭が打たれた。そこには、人々の暮らしを実感させる不思議な重みが伴っている。

葛飾北斎、勝海舟、芥川龍之介……歴史に名を残す才人たちが生まれたのは、偶然ではない気がする。

現在の両国橋は、関東大震災復興橋梁として昭和７年(1932)に架設された

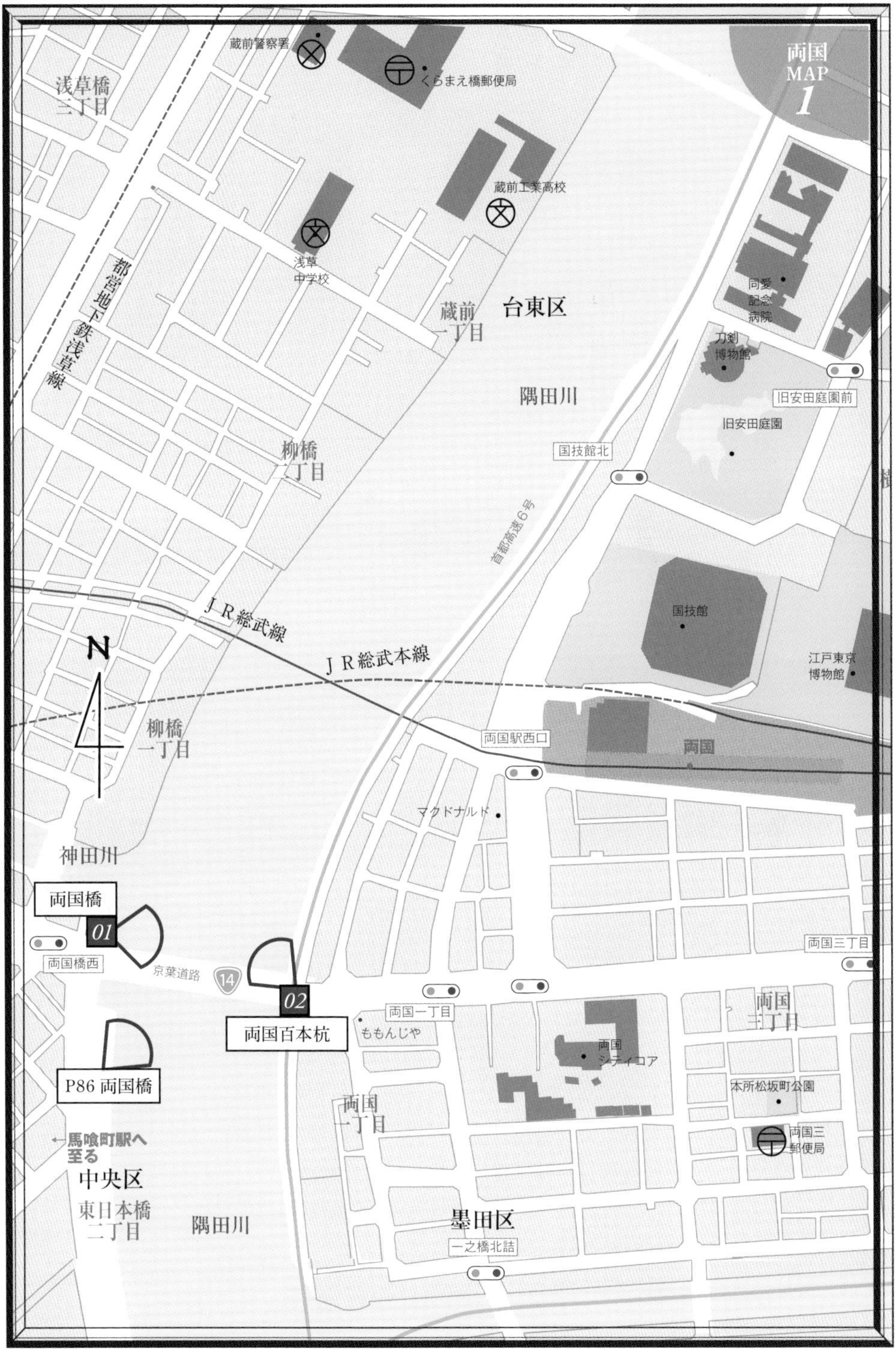
両国
MAP
1
蔵前警察署
くらまえ橋郵便局
浅草橋
三丁目
蔵前工業高校
浅草
中学校
都営地下鉄浅草線
蔵前
一丁目
台東区
同愛
記念
病院
刀剣
博物館
旧安田庭園前
隅田川
旧安田庭園
国技館北
柳橋
二丁目
首都高速6号
国技館
ＪＲ総武線
ＪＲ総武本線
N
江戸東京
博物館
柳橋
一丁目
両国駅西口
両国
マクドナルド
神田川
両国橋
01
両国橋西
京葉道路
14
02
両国三丁目
両国一丁目
両国百本杭
ももんじや
両国
シティコア
両国
三丁目
P86 両国橋
本所松坂町公園
両国
一丁目
両国三
郵便局
←馬喰町駅へ
至る
中央区
東日本橋
二丁目
隅田川
墨田区
一之橋北詰

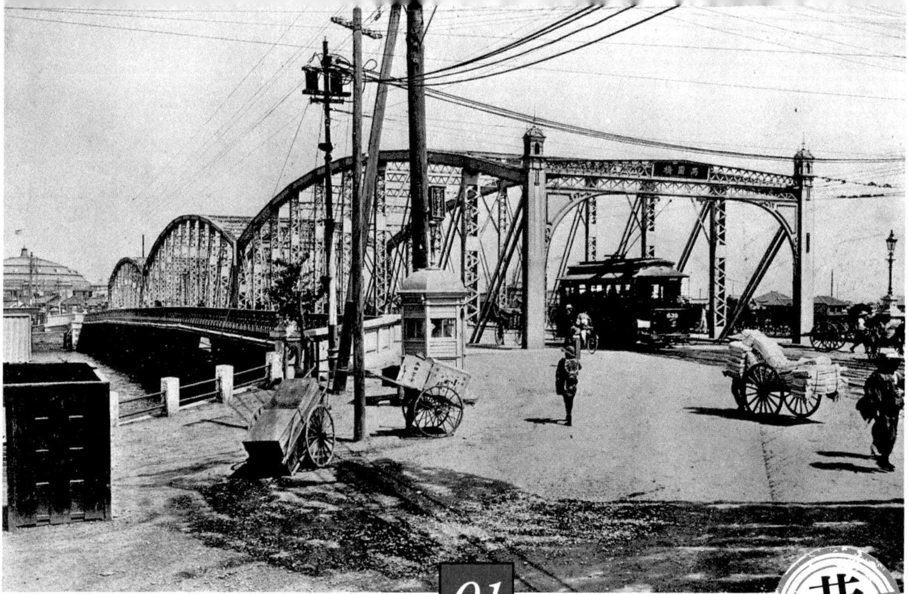

両国橋。明治後期撮影。明治 30 年（1897）の花火大会で、群衆の重みにより欄干の一部が崩落したため架け替えられた。路面電車も走る、大きな橋である。国立国会図書館蔵

01

昔 之風景

両国橋

花火大会での事故を契機に造られた鉄橋が、明治 37 年（1904）に完成。現在の位置より 20m ほど下流にあったという。関東大震災では大きな損傷はなかったが、他の隅田川橋梁群の復旧工事と合わせて現在の橋に架け替えられた。

Close UP

ももんじや

享保３年（1718）創業の山くじら（猪肉）料理の専門店。江戸期、獣肉料理店は「もゝんじ屋」と呼ばれ、多くの店があったが、現在でも営業しているのは同店のみとなった。

中央に写る３つの弧が特徴的な両国橋。その先に見える丸い屋根が国技館である。明治 42 年（1909）に回向院の敷地に建設され、多くの取組が行われた。

今 之風景

現在の橋には、両国国技館を意識して、相撲をモチーフにしたデザインが施されている。ちなみに、最後の架け替えの際、損傷のほとんど無かった３連トラスのうち１連が移設されて、亀島川にある南高橋となった。

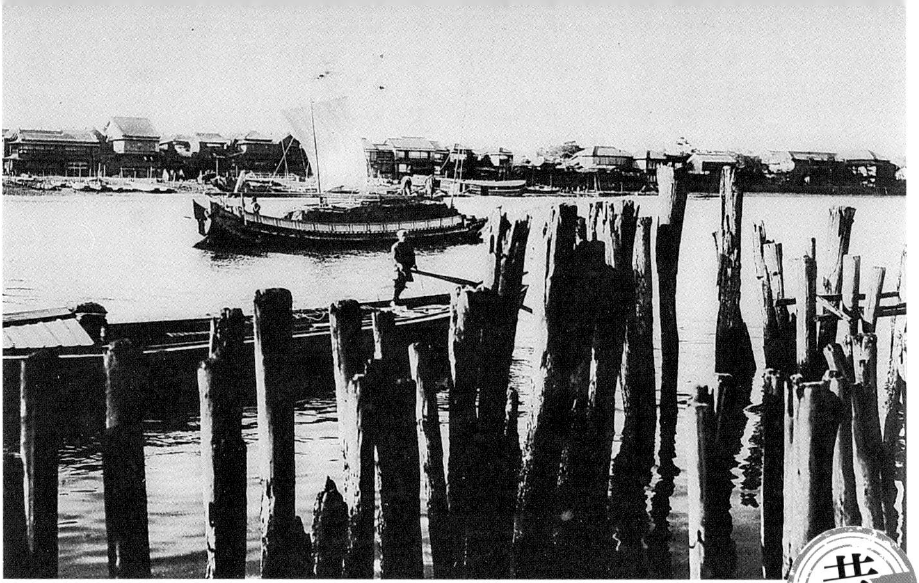

昔
之風景

02 両国百本杭

荒川放水路（現在の荒川）が完成する以前、今より水量が多かった隅田川の中でも特に両国橋付近は湾曲がきつかった。川岸の浸食を防ぐために橋の北側に打ち込まれた杭は、いつしか隅田川の風物詩となったという。

両国百本杭。明治中期撮影。百本杭は鯉釣りの名所でもあり、多くの釣師が釣り糸を垂れていた。舟がゆっくりと通る、のんびりとした風景である。国立国会図書館蔵

今
之風景

百本杭は、当時を描いた歌舞伎や絵画、小説などで重要な舞台として登場してきた。だが、明治末期から始められた護岸工事でほとんどの杭が抜かれ、今では百本杭と隅田川が織りなす風情は見られなくなった。

写真奥の右手に家が建ち並ぶあたりが柳橋界隈。神田川を挟み左手には現在の東日本橋方面が見える。

Close UP

江戸東京博物館

平成５年（1993）に開館。管理・運営は東京都歴史文化財団。隣接する国技館との調和を考え、高床式構造の建物になっている。

14 上野
～文化が香る森の公園～

上野広小路。明治中期撮影。火除地として設けられた通り。広々とした中に、行き交う人や人力車で賑わう様子が見て取れる。国立国会図書館蔵

東京メトロ銀座線

上野広小路駅

↓ 1分

P90 上野広小路

↓ 6分

01 西郷隆盛銅像

↓ 5分

02 不忍池辯才天

↓ 3分

03 上野公園

↓ 5分

04 上野動物園

↓ 7分

上野駅

JR 山手線

広大な寺院は、戦争を経て日本初の大公園に

寛永寺なくして上野の歴史は語れない。徳川将軍家の厚い庇護の下、江戸期の寛永寺は上野の山を占める広大な敷地を有した。しかし、時代に終わりを告げる戦争の舞台となり、壊滅的な打撃を受ける。明治維新という時代の転換点は、この地の運命が変わる転機でもあった。

蘭医ボードウィン（ボードワン）の提案により日本初の公園に。そして博物館や動物園ができ、東京を代表する憩いの場へと発展していったのである。

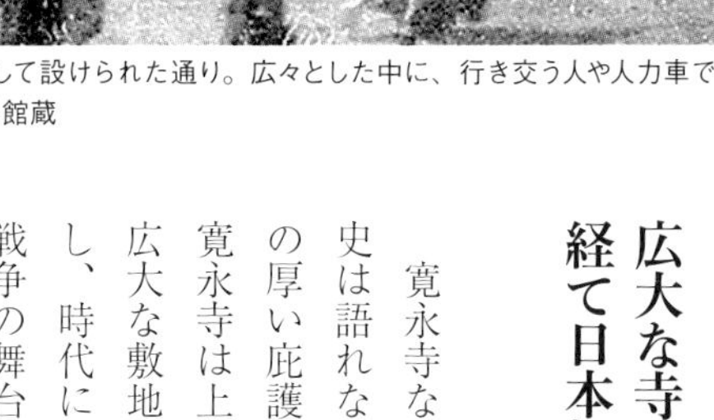

現在も道幅は広いとはいえ、高い建物や車の列で当時ほどの開放感は感じられない

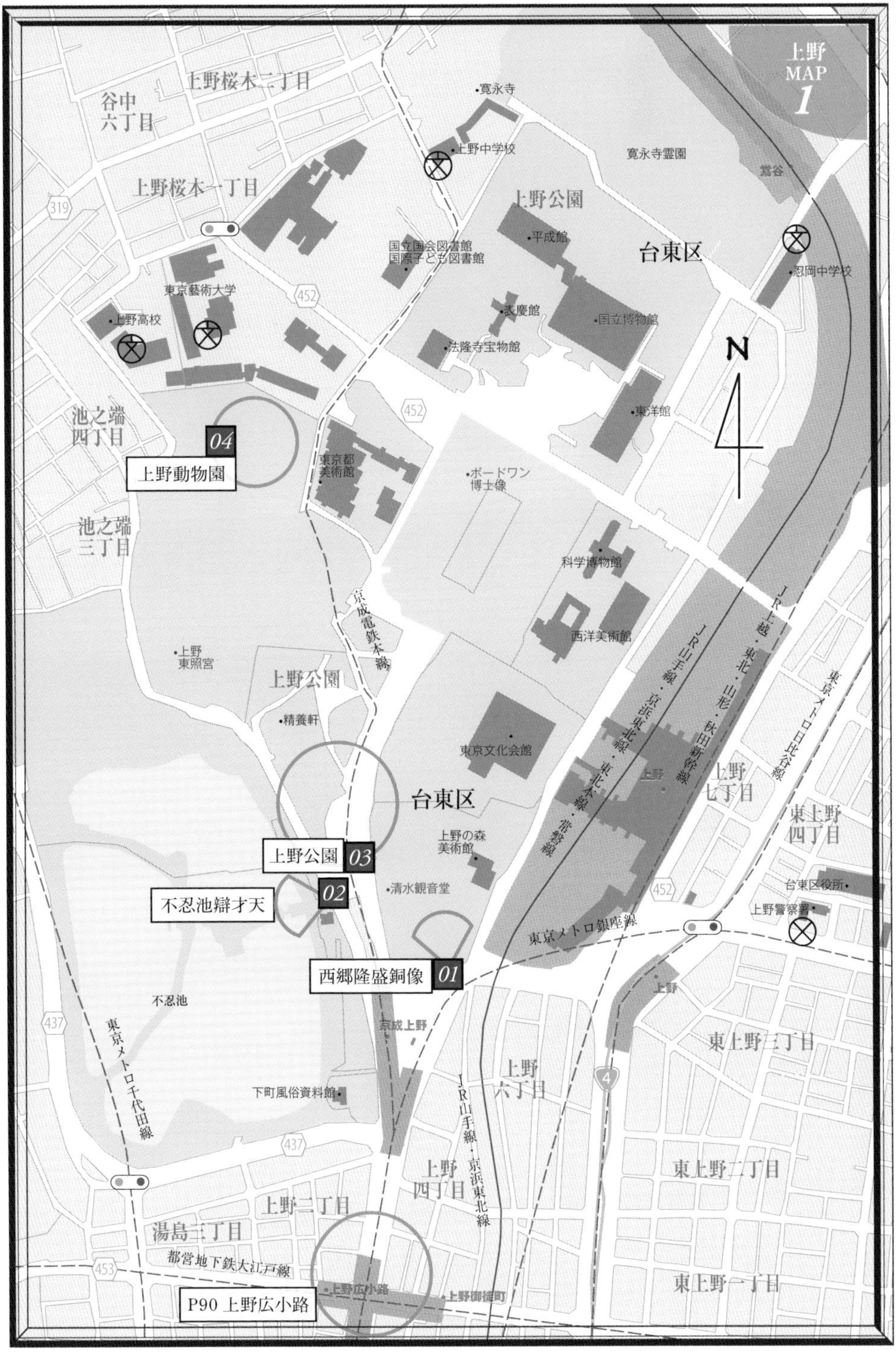
上野
MAP
1
上野桜木二丁目
谷中
六丁目
寛永寺
上野中学校
寛永寺霊園
鶯谷
上野桜木一丁目
上野公園
319
平成館
台東区
国立国会図書館
国際子ども図書館
忍岡中学校
東京藝術大学
452
表慶館
国立博物館
上野高校
法隆寺宝物館
N
池之端
四丁目
452
東洋館
04
上野動物園
東京都
美術館
ボードワン
博士像
池之端
三丁目
科学博物館
京成電鉄本線
西洋美術館
上野
東照宮
上野公園
JR上越・東北・山形・秋田新幹線
JR山手線・京浜東北線・東北本線・常磐線
東京メトロ日比谷線
精養軒
東京文化会館
上野
上野
七丁目
台東区
東上野
四丁目
上野の森
美術館
上野公園
03
02
不忍池辯才天
清水観音堂
452
台東区役所
上野警察署
東京メトロ銀座線
西郷隆盛銅像
01
上野
京成上野
不忍池
437
東京メトロ千代田線
東上野三丁目
4
上野
六丁目
下町風俗資料館
437
JR山手線・京浜東北線
上野
四丁目
東上野二丁目
上野二丁目
湯島三丁目
都営地下鉄大江戸線
453
東上野一丁目
P90 上野広小路
上野広小路
上野御徒町

01

西郷隆盛銅像

西郷の死後21年を経た明治31年（1898）に建立された。作は高村光雲である（犬は後藤貞行作）。愛犬をつれ、兎狩りに出かける姿という。写真には像を見上げる人の姿が。高さ370㎝の銅像は当時から目を引いたのだろう。

西郷隆盛銅像。明治後期撮影。今も昔も変わらず多くの人に親しまれる西郷隆盛。像を見上げる人は何を思うのだろうか。国立国会図書館蔵

Close UP

ボードワン博士像

幕末に来日し、オランダ医学を教えた。明治に入り、病院の建設計画が持ち上がっていた上野を公園とするよう提言した。

像は、現在も同じ場所に建ち続け、「上野の西郷さん」として広く親しまれている。台座の銅板には西郷の功績と銅像建立の経緯が記され、像近くの石碑には、西郷が好んだ「敬天愛人」という言葉が刻まれている。

今 之風景

古写真と比べると、現在の中島（弁天島）にあるのは辯天堂だけで、明治期より建物は少なくなっている。「めがねの碑」や「暦塚」、「ふぐ供養碑」などユニークな石碑が多いことでも知られる。谷中七福神の一つ。

Close UP

清水観音堂

京都清水寺を模して寛永8年（1631）に創建。不忍池に臨む正面の舞台造りは、江戸時代の浮世絵に描かれ、著名な景観である。

昔 之風景

02

不忍池辯才天

寛永2年（1625）の寛永寺創建当時、不忍池は江戸湾の入り江の一部だった。そこに天海僧正が琵琶湖の竹生島に見立てた中島をつくり、辯天堂が建てられた。写真には、明治17年（1884）に池の周囲に造られた競馬場が写る。

写真奥に見える島が、辯天堂のある中島（弁天島）。その手前に白い柵が並んで建てられている。ここが上野不忍池競馬場で、この柵の間を馬が疾駆した。

上野不忍池辯才天。明治中期撮影。花や月、風景の名勝地であった忍が岡。辯天堂の周囲には割烹店が並び、料理とともに季節の移ろいを楽しむことが出来た。横浜開港資料館蔵

昔 之風景

上野公園の桜。明治後期撮影。芸者の花見であろうか、写真中央に日本髪を結って馬車に乗る女性たちも見える。国立国会図書館蔵

03

上野公園

上野の山には江戸時代初期から桜が植栽され、花見の場所として庶民に開放された。写真の桜並木も満開に見える。当時の人々は、桜の下をのんびり歩き、或いは人力車に揺られながら花見を楽しんだのであろう。

今 之風景

総面積約35万㎡の広々とした園内一帯は、春には約50%を占めるソメイヨシノを中心に、オオカンザクラ、山桜など約1000本の桜が咲き誇る。史蹟も多くあり、一年を通して、都民や観光客の憩いの場となっている。

Close UP

東京国立博物館

明治5年(1872)、寛永寺本坊(住職の住まい)の跡地に建てられた日本最古の博物館。収蔵品の総数は国宝89件を含む11万件以上。

04

上野動物園

農商務省所管の博物館付属施設として明治15年（1882）に開園し、日本の動物園で最も古い歴史をもつ。トラやゾウなど外国産の珍しい動物が人気を博し、昭和47年（1972）には日中国交回復を記念してジャイアントパンダが来園した。

昔 之風景

上野動物園。明治後期撮影。開園当初、600頭余りの動物がおり、年間70万人が来園していた。写真でも老若男女が檻を熱心に覗きこむ様子が見える。国立国会図書館蔵

今 之風景

戦時下には猛獣が処分される事態に至ったが、戦後はめざましい復興を遂げ、園域を拡張。飼育動物数も飛躍的に増えていった。現在も休日ともなれば、多くの子ども連れが足を運び、大変な賑わいを見せている。

Close UP

上野東照宮

徳川家康（東照大権現）、吉宗、慶喜を祀る。寛永4年（1627）、藤堂高虎が創建し、その後家光が改築した。写真は、参道に並ぶ銅燈。

15

隅田川

～江戸っ子が愛した大川～

両国橋川蒸気船の昇降場。明治中期撮影。写真の船は「一銭蒸気」で、曳舟が客用艀を曳くように航行するもの。奥には両国橋も見える。国立国会図書館蔵

東京メトロ銀座線

浅草駅

↓ 1分

01 吾妻橋

↓ 12分

02 厩橋

↓ 13分

P96 両国橋

↓ 10分

03 柳橋と両国橋

↓ 13分

04 新大橋

↓ 5分

浜町駅

都営新宿線

暮らしを支えた川に個性豊かな橋が架かる

江戸時代は大川とも呼ばれた隅田川は、生活・農業用水や魚介・海藻類の供給源として、また人や物資の輸送路として、住民の暮らしになくてはならない存在だった。さらに舟遊びの場としても愛され、三代将軍家光も川に繰り出すほどだったという。

だが、関東大震災では多くの橋が損傷。それでもこの復興事業が隅田川に新たな風景を生む。個性的で美しい橋梁群は、現在も墨堤の緑と調和して、道行く人の目を楽しませている。

現在の水上バス乗り場は両国橋にはなく、400mほど上流の国技館近くにある

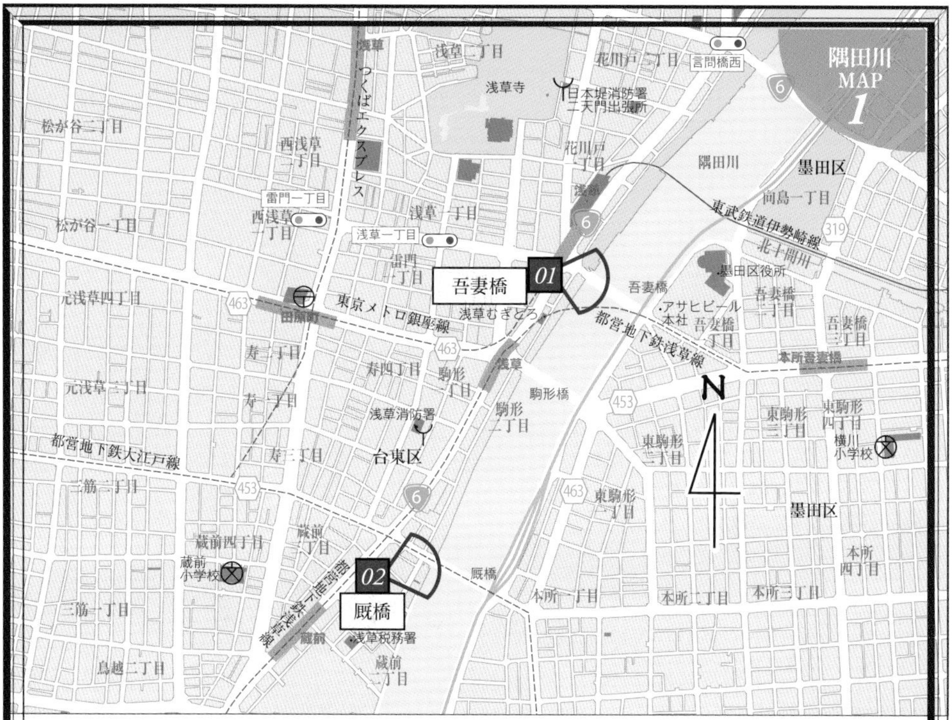

隅田川
MAP
1
浅草二丁目
花川戸二丁目
言問橋西
浅草寺
日本堤消防署
二天門出張所
つくばエクスプレス
松が谷二丁目
西浅草
二丁目
花川戸
一丁目
隅田川
墨田区
向島一丁目
雷門一丁目
西浅草
一丁目
浅草一丁目
浅草一丁目
松が谷一丁目
東武鉄道伊勢崎線
北十間川
雷門
一丁目
吾妻橋
01
墨田区役所
吾妻橋
元浅草四丁目
東京メトロ銀座線
浅草むぎとろ
アサヒビール
本社
吾妻橋
一丁目
吾妻橋
二丁目
吾妻橋
三丁目
田原町
都営地下鉄浅草線
寿二丁目
寿四丁目
駒形
一丁目
本所吾妻橋
浅草
駒形橋
N
元浅草三丁目
寿一丁目
駒形
二丁目
東駒形
三丁目
東駒形
四丁目
浅草消防署
横川
小学校
都営地下鉄大江戸線
寿三丁目
台東区
東駒形
二丁目
二筋二丁目
東駒形
一丁目
墨田区
蔵前
一丁目
蔵前四丁目
本所
四丁目
蔵前
小学校
02
厩橋
三筋一丁目
厩橋
本所一丁目
本所二丁目
本所三丁目
都営地下鉄浅草線
蔵前
浅草税務署
鳥越二丁目
蔵前
二丁目

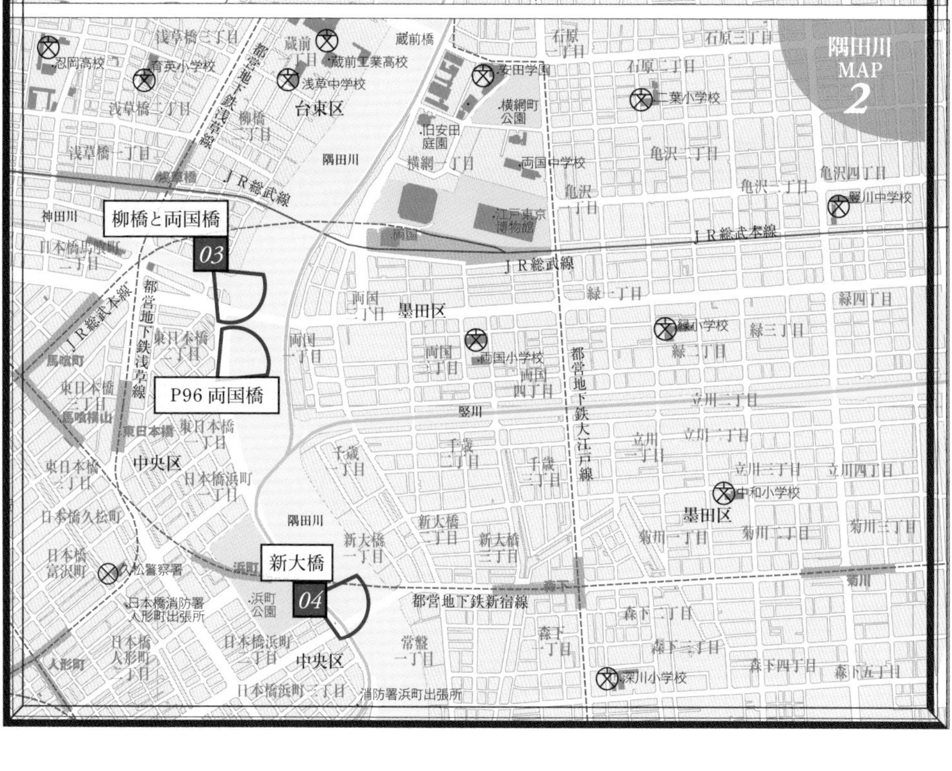

隅田川
MAP
2
浅草橋三丁目
蔵前
三丁目
蔵前橋
石原
一丁目
石原三丁目
忍岡高校
育英小学校
蔵前工業高校
浅草中学校
安田学園
石原二丁目
都営地下鉄浅草線
台東区
横網町
公園
二葉小学校
浅草橋二丁目
柳橋
二丁目
旧安田
庭園
浅草橋一丁目
隅田川
横網一丁目
両国中学校
亀沢二丁目
亀沢四丁目
亀沢
一丁目
亀沢三丁目
浅草橋
JR総武線
両国中学校
神田川
柳橋と両国橋
江戸東京
博物館
日本橋馬喰町
二丁目
両国
JR総武本線
03
JR総武線
緑一丁目
緑四丁目
両国
二丁目
墨田区
JR総武本線
都営地下鉄浅草線
東日本橋
二丁目
両国
一丁目
緑小学校
緑三丁目
馬喰町
両国
三丁目
両国小学校
緑二丁目
両国
四丁目
都営地下鉄大江戸線
東日本橋
三丁目
P96 両国橋
馬喰横山
東日本橋
東日本橋
一丁目
竪川
立川二丁目
千歳
一丁目
千歳
二丁目
千歳
三丁目
立川
一丁目
立川二丁目
東日本橋
三丁目
中央区
立川三丁目
立川四丁目
日本橋浜町
一丁目
中和小学校
日本橋久松町
隅田川
新大橋
一丁目
新大橋
二丁目
新大橋
三丁目
墨田区
菊川一丁目
菊川二丁目
菊川三丁目
日本橋
富沢町
久松警察署
浜町
新大橋
菊川
04
浜町
公園
日本橋消防署
人形町出張所
都営地下鉄新宿線
森下
森下二丁目
日本橋
人形町
二丁目
日本橋浜町
二丁目
常盤
一丁目
森下
一丁目
森下三丁目
人形町
中央区
森下四丁目
森下五丁目
深川小学校
日本橋浜町三丁目
消防署浜町出張所

01

昔 之風景

吾妻橋

最初に架橋されたのは安永3年(1774)で、大川橋と呼ばれていた。明治18年(1885)には洪水で流失し、2年後に隅田川初の鉄橋として建造された(写真)。人道橋、車道橋、鉄道橋(東京市電)の3本が平行して架けられていた。

吾妻橋。明治後期撮影。当時、四大鉄橋で最も長く、また美しいとされた。橋のたもとには六角形の自動電話（当時の公衆電話）も見える。国立国会図書館蔵

今 之風景

上の写真にある鉄橋は、関東大震災によって橋板が焼け落ちた(橋板は木製だった)。その後、補修を経て現在の橋に架け直されたのが昭和6年(1931)のこと。雷門を想起させる赤色の塗装が施されているのが特徴的だ。

中央に架かる吾妻橋。その橋の向こう、やや隠れて見える四角い建物はサッポロビールの吾妻橋工場である。

Close UP

名所江戸百景
吾妻橋金龍山遠景

歌川広重の名所江戸百景に描かれた吾妻橋。屋根船の奥、左手にかかる木橋が吾妻橋である。桜散る中、屋根船から浅草とともに見る木橋は風流なものであったのだろう。

厩橋。明治中期撮影。石川島造船所が建造した橋。写真に誰も写っていないのは開通前だからであろうか。国立国会図書館蔵

昔 之風景

02 厩《うまや》橋

明治7年（1874）、御厩（おんまい）の渡しに代わって架設された。渡しで転覆事故が発生したこともあり、地元住民が費用を出し合って造った民間の橋だった。その後、東京府の管理下に入り、明治26年（1893）に鉄橋に架け替えられた（写真）。

今 之風景

やはり関東大震災で橋板が燃えるなどの大きな被害を受けたことから、現在の橋は昭和4年（1929）に震災復興橋梁として架設された。力強い3連のアーチ構造になっており、所どころに馬をモチーフとした装飾が施されている。

Close UP

駒形橋

昭和2年（1927）、震災復興事業によって新設された。これに伴い、駒形の渡しは廃止。西詰には、馬頭観音を祀る駒形堂がある。

今
之風景

古写真の柳橋は、関東大震災で落橋。昭和 4 年（1929）に架設されたのが現在の橋である。小さな橋ではあるがダイナミックなアーチ橋で、永代橋をモデルにしたという。平成 4 年（1992）の補修工事を経て現在に至っている。

Close UP

両国広小路

明暦の大火後、火除地として出来た広小路。西詰は見世物小屋などが建ち並ぶ江戸屈指の繁華街となった。

03

昔
之風景

柳橋と両国橋

手前が柳橋、奥が両国橋である。柳橋は、元禄 11 年（1698）に架けられたのが最初だとされる。この付近は江戸時代から船宿や料理屋が多く、吉原や向島への船の仕立てや、隅田川の舟遊びの拠点として繁盛したという。

柳橋と両国橋。明治 10 年代撮影。風情のある木橋が神田川の上に架かっている。河岸には屋根船が幾艘もあるのが見える。横浜開港資料館蔵

昔
之風景

04 新大橋

元禄６年（1693）、５代将軍綱吉の母・桂昌院の勧めで架橋された。大橋（現両国橋）より新しい橋、という意味で新大橋の名がついた。重量による損壊を防ぐため、一時は「立ち止まり禁止」の立て札も出たという。

新大橋。明治中期撮影。隅田川に架かる長く端正な木橋。手前に停泊する屋根船が印象的な構図である。中央区立京橋図書館蔵

対岸に見える家の辺りは幕府の大型軍船「安宅丸」が繋留された深川安宅町、現在の深川区新大橋である。

Close UP

浜町公園

江戸期は熊本藩主細川氏の下屋敷で、震災復興事業の一環として昭和４年（1929）に公園として整備された。中央区最大の面積を誇る。

今
之風景

明治45年（1912）、鉄橋に架け替えられ、関東大震災でも唯一被災を免れた。避難道として多くの命を救い、「人助け橋」と呼ばれたという。現在の橋となったのは昭和52年（1977）。旧鉄橋の一部は愛知県犬山市の博物館明治村に移築。

16 芝・愛宕山

〜江戸東京随一の眺め〜

愛宕山の山頂から東の方向を眺める青年たち。手前は旧長岡藩牧野家中屋敷、その奥は旧松山藩松平家上屋敷。中央に立つのは「化け銀杏」と呼ばれる大きな銀杏の木で、田村右京大夫屋敷内にあり、品川沖を航行する船の目印になったという。明治初期撮影。長崎大学附属図書館蔵

都営大江戸線
- 汐留駅
- 3分
- 01 浜離宮
- 18分
- 02 愛宕山石段
- 5分
- 03 愛宕塔
- 1分
- 04 愛宕山
- 1分
- P102 愛宕山
- 12分
- 05 増上寺三解脱門
- 2分
- 06 増上寺
- 5分
- 御成門駅

都営三田線

移り変わる江戸・東京の景色を実感する

東は東京湾に面し、西は台地となっている芝・愛宕地域。芝神明宮、愛宕神社、徳川将軍家の菩提寺である増上寺などがあり、歴史にゆかり深い地域である。愛宕山は標高二六メートル、東京二三区内で最も高い天然の〝山〟である。かつては東京湾や房総半島まで見晴らすことができ、眺望スポットとして人気があった。頂上から幕末・明治の市中を鳥瞰する写真が残されており、江戸・東京の景色の変遷を考える上で重要な場所である。大名屋敷は次第に朽ち果て、商店や町家に変わっていった。現在はオフィスビルが密集しているが、愛宕山や増上寺の緑に癒される。

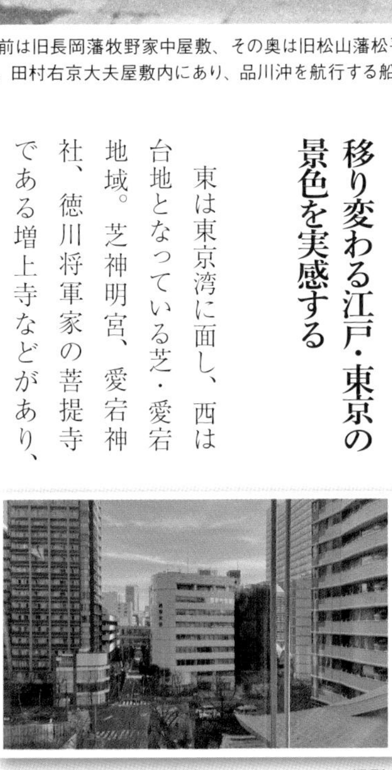

現在の愛宕山からの眺望。エレベーターより撮影。オフィスビルが視界を遮る

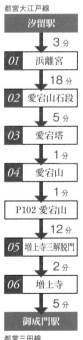

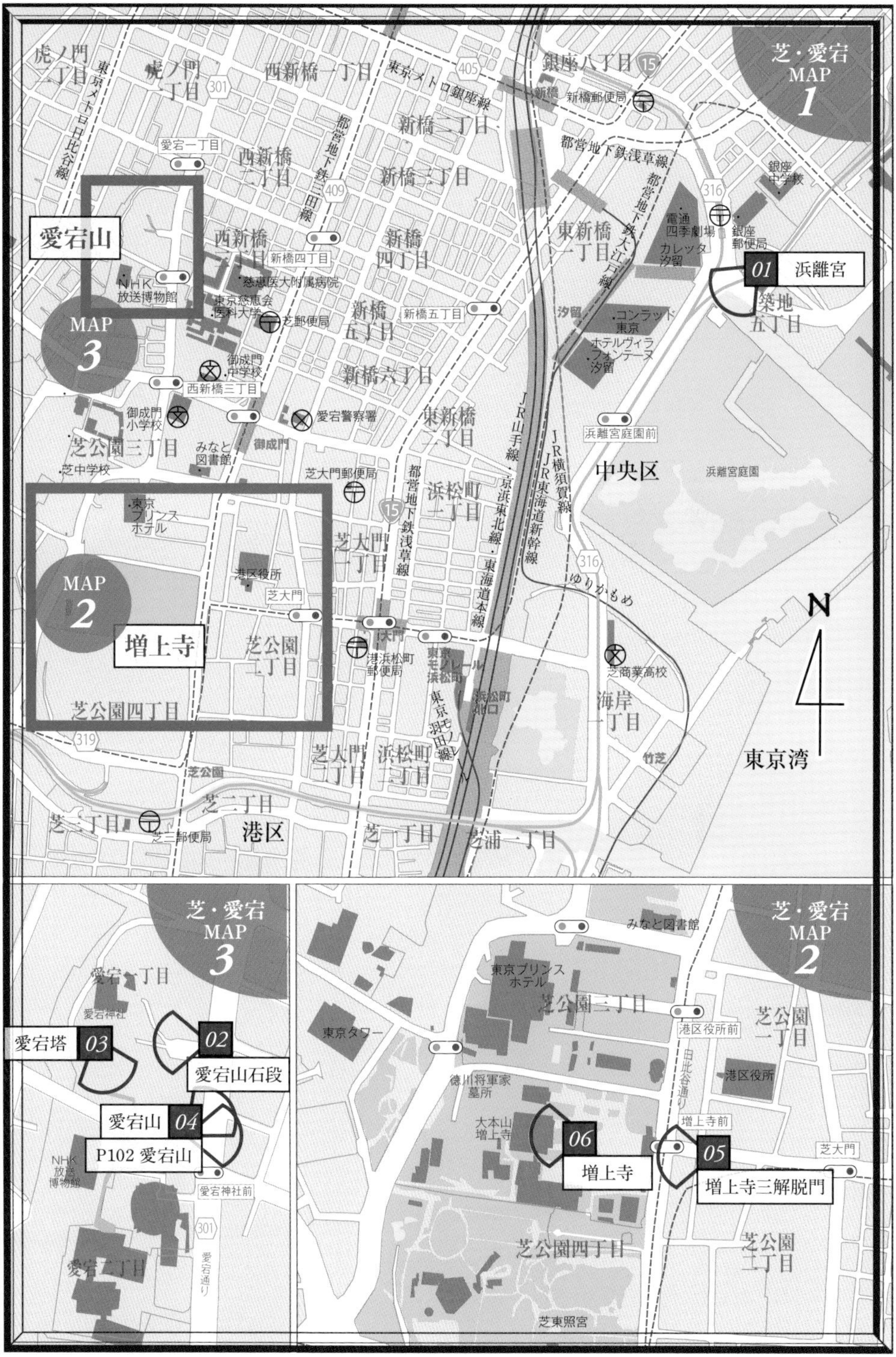
芝・愛宕
MAP
1
虎ノ門二丁目
虎ノ門一丁目
西新橋一丁目
銀座八丁目
東京メトロ日比谷線
東京メトロ銀座線
新橋
新橋郵便局
新橋二丁目
愛宕一丁目
西新橋二丁目
都営地下鉄三田線
都営地下鉄浅草線
新橋三丁目
都営地下鉄大江戸線
銀座中学校
電通四季劇場
カレッタ汐留
銀座郵便局
愛宕山
西新橋一丁目
新橋四丁目
新橋四丁目
東新橋一丁目
01
浜離宮
NHK放送博物館
慈恵医大附属病院
東京慈恵会医科大学
芝郵便局
新橋五丁目
新橋五丁目
汐留
コンラッド東京
ホテルヴィラフォンテーヌ汐留
築地五丁目
MAP
3
御成門中学校
西新橋三丁目
新橋六丁目
御成門小学校
愛宕警察署
東新橋二丁目
浜離宮庭園前
芝公園三丁目
みなと図書館
御成門
JR山手線
JR横須賀線
京浜東北線
東海道新幹線
東海道本線
芝中学校
芝大門郵便局
浜松町一丁目
中央区
浜離宮庭園
東京プリンスホテル
港区役所
芝大門一丁目
ゆりかもめ
MAP
2
芝大門
大門
増上寺
芝公園一丁目
港浜松町郵便局
東京モノレール浜松町
浜松町北口
芝商業高校
N
芝公園四丁目
東京モノレール羽田線
海岸一丁目
芝大門二丁目
浜松町二丁目
竹芝
東京湾
芝公園
芝二丁目
芝三丁目
芝三郵便局
港区
芝一丁目
芝浦一丁目
芝・愛宕
MAP
3
愛宕一丁目
愛宕神社
愛宕塔
03
02
愛宕山石段
愛宕山
04
P102 愛宕山
NHK放送博物館
愛宕神社前
愛宕二丁目
愛宕通り
みなと図書館
芝・愛宕
MAP
2
東京プリンスホテル
芝公園三丁目
東京タワー
港区役所前
芝公園一丁目
日比谷通り
港区役所
徳川将軍家墓所
大本山増上寺
増上寺前
06
05
芝大門
増上寺
増上寺三解脱門
芝公園四丁目
芝公園二丁目
芝東照宮

ゆったりとした川のほとりに立つ浜離宮。明治初期撮影。反対側は海に面する。水と緑に囲まれた御殿で、現在もその面影を強く残す。中央区立京橋図書館蔵

昔 之風景

01 浜離宮

承応3年（1654）、甲府宰相綱重が兄の将軍家綱より下屋敷として拝領、後に将軍家別邸「浜御殿」となる。明治3年（1870）に宮内省の管轄に入り「浜離宮」となった。写真は大手門で、石垣に沿って築地川が流れている。

浜離宮は西側と南側は汐留川に、北側は築地川に囲まれている。大手門は関東大震災によって倒壊し、現在は石垣が残っている。

今 之風景

現在は都立庭園として開放されており、潮入の池と二つの鴨場をもつ江戸時代の代表的な大名庭園を見ることができる。築地川は半分埋め立てられ、首都高速となっている。

中央区浜離宮庭園1-1
TEL 03-3541-0200　300円
9：00～17：00（入園は16：30まで）　年末・年始休園

Close UP

将軍お上がり場

浜御殿でかつて使われていた船着場。東京湾に面する。将軍慶喜が鳥羽伏見の戦いで敗れ、大坂から軍艦に乗って江戸に戻ってきた時、ここから上陸した。

昔
之風景

02

愛宕山石段

愛宕神社の社殿へと続く急勾配の石段。徳川家光の目の前で丸亀藩士・曲垣平九郎が馬でこの石段を駆け上がり、「馬術の名人」との明星を得たことから「出世の石段」と呼ばれる。

愛宕神社石段。正面の石段が「男坂」、右の石段が「女坂」と呼ばれる。鳥居の右に参拝客を待つ人力車が控えている。明治後期撮影。国立国会図書館蔵

今
之風景

石段の下から見上げる景色だけは昔も今も変わらないようだ。「出世の石段」の故事にあやかろうと、初詣でには多くのビジネスマンがこの石段を登って参拝する。

Close UP

浮世絵に描かれた石段

慶応３年（1867）、歌川芳年「東錦浮世稿談　曲木平九郎」。傾斜40度、段数86段の石段を馬で駆け上がる曲木平九郎。その雄姿は講談「寛永三馬術」でも有名になった。港区立港郷土資料館蔵

03

昔 之風景

愛宕塔

明治 19 年（1886）、愛宕山の山頂は愛宕公園になり、明治 22 年（1889）に愛宕館（旅館兼料理店）と愛宕塔が建てられた。愛宕塔はレンガ造りの八角形で、5 階建て。高さ約 30 m。最上階には望遠鏡を備えて東京市民の目を楽しませたが、関東大震災で倒壊した。

明治 20 年代に撮影された愛宕塔。標高 26 mの山頂に、高さ 30 mの塔が建てられたので、当時としては格別の見晴らしだったであろう。国立国会図書館蔵

今 之風景

愛宕塔の跡地には大正 14 年（1925）に「東京放送局」が建てられ、日本初のラジオ放送が開始された。現在は「放送のふるさと」として NHK 放送博物館が建つ。
港区愛宕 2-1-1
TEL 03-5400-6900
9：30 ～ 16：30　月曜休館
（祝日除く）入館無料

休日であろうか、軍人たちが愛宕山からの眺望を楽しんでいる。ベンチに腰掛け、それを見つめるカンカン帽に着流しの男性。明治時代撮影。国立国会図書館蔵

現在の山頂は木に覆われて、眺望することができない

昔之風景

04 愛宕山

江戸・東京を訪れた地方の人々や外国人の多くが登ったという愛宕山。イギリスの写真家・ベアトが眺めた景色は、大名屋敷の瓦屋根が連なっていた。明治になると大名屋敷は取り壊されるか、商店など別の目的で使用されるようになった。

愛宕山から見た幕末の江戸の街並み。大名屋敷や寺院の甍の屋根が続いていた。フェリックス・ベアトが明治初期に撮影。ベアトはイタリア生まれのイギリスの写真家で、各国を旅し、とりわけ東アジアの風物を写真に収めて西欧に紹介したことで有名。横浜開港資料館蔵

今之風景

現在、山頂は木々に覆われて眺望することはできない。この写真は、山頂よりやや下がったところにある散策デッキから撮影。目の前にビルが迫る。この大きな落差こそが、時代の移り変わりを強く感じさせられる場所であると言えよう。

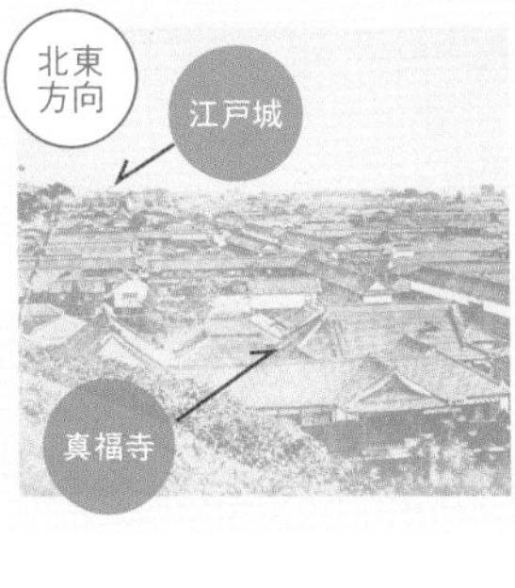

手前に見えるのは真福寺。現在はビルに囲まれるように建つ。愛宕通りをまっすぐ北上した先に、かすかに江戸城が見える。

Close UP

愛宕神社

愛宕山の山頂に建つ神社。慶長8年（1603）、徳川家康が江戸に幕府を開くにあたり、防火・防災の神様として祀った。

05

昔 之風景

増上寺三解脱門

幕府大工頭・中井正清とその配下によって建立され、元和８年（1622）再建された都内最古級の建築物。国の重要文化財。写真は明治時代撮影で、老若男女みな着物姿。子どもが元気よく走り回る姿はいつの時代も変わらない。

増上寺三解脱門、門前の賑やかな風景。出店のようなものも見える。明治時代撮影。
国立国会図書館蔵

今 之風景

車の往来激しい日比谷通りに面し、増上寺の表の顔として親しまれている。この門をくぐると三つの煩悩「むさぼり、いかり、おろかさ」を解脱（げだつ・悩みや迷いから解放されて自由の境地に達すること）できるとされている。

昔 之風景

06

増上寺

創建は太田道灌が活躍した室町時代に遡る。江戸時代には徳川将軍家の庇護を受け、菩提寺として上野寛永寺と双璧をなした。本堂は明治 6 年（1873)、同 42 年（1909）に火災により焼失。昭和 20 年（1945）の東京大空襲でも灰燼《かいじん》に帰した。

明治時代に撮影された増上寺本堂。徳川将軍家の菩提寺らしく、堂々たる造りの本堂である。国立国会図書館蔵

現在の本堂は昭和 49 年（1974）の再建。背後には東京タワーがそびえ、江戸と東京の景色が一枚の写真に納まる。

港区芝公園 4-7-35　TEL 03-3432-1431

今 之風景

Close UP

徳川将軍家墓所

2 代秀忠とお江、14 代家茂と和宮など、歴代将軍とその子女が埋葬されている。墓所入口の「鋳抜門」の扉には葵紋が五つずつ並ぶ。

17 新橋

～汽笛一声、新橋を～

新橋停車場。明治時代撮影。明治５年（1872）、日本初の鉄道ターミナル駅として開業。木造石張り２階建て、正面にはガラス窓を配するモダンな西洋建築であった。国立国会図書館蔵

鉄道の街、新橋 今なお進化する街並み

「汽笛一声新橋をはや我汽車は離れたり」と、明治時代に作詞された鉄道唱歌の第一集一番の冒頭で歌われた新橋。東京への玄関口として新橋停車場が営業を開始して以来、大きな発展を遂げてきた。銀座通りには路面電車が通り、デパートや日本初のビヤホールが出来た。また内国勧業博覧会に出品された商品を処分するための販売所として、帝国博品館勧工場が開業。陳列販売が初めて行われ、七〇店舗を回遊して買い物ができる複合商業施設として、多くの買い物客でにぎわった。

　しかし大正三年（一九一四）に東京駅が開業すると、東海道本線の起点は新橋駅から東京駅へと移る。これにより、新橋駅は汐留駅に名称を変更して貨物ターミナルとなり、烏森駅が新橋駅に改称。東京から横浜へ向かう一つの旅客駅としての役割を担っていくこととなる。

　現在は繁華街、ビジネス街として多くの会社員や買

東京メトロ銀座線
新橋駅
↓ 3分
P110 新橋停車場
↓ 3分
01 新橋
↓ 12分
02 高架鉄道線
↓ 2分
日比谷駅
東京メトロ日比谷線

汐留地区の再開発を受け、当時の建物そのままに再現された駅舎。当時の雰囲気を感じることが出来る

い物客で賑わう街、新橋。赤レンガの高架鉄道が当時の面影を残し、また駅前広場にはSLが置かれる。鉄道の音を聞きながら、鉄道を中心とした街の変遷に思いをめぐらしてみてはいかがだろうか。

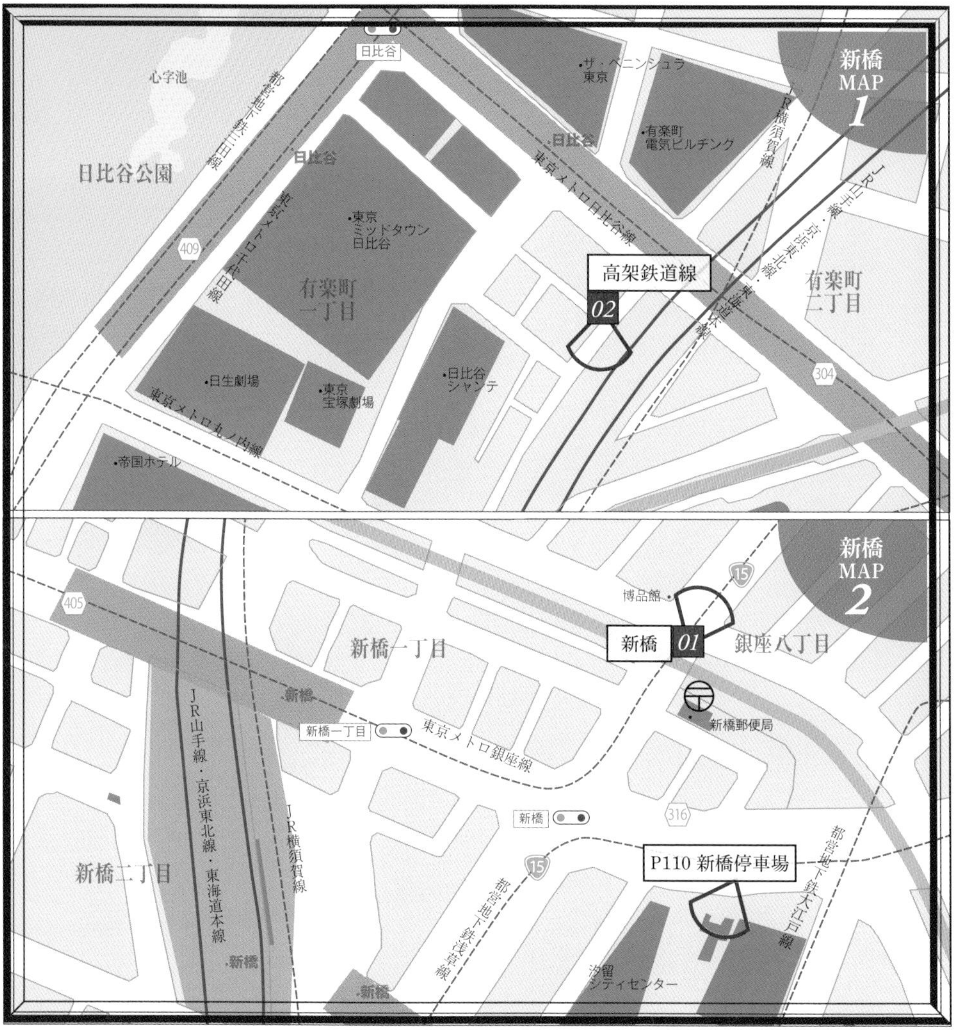

01

新橋

昔 之風景

新橋より銀座通りを望む。明治 40 年代撮影。写真中央、汐留川に架かる東京初の鉄橋、新橋。その上を路面電車がゆったりと走る。街の雰囲気をよく伝える一枚である。国立国会図書館蔵

路面電車の走る銀座通り。左側には内国勧業博覧会の出品物を販売した帝国博品館勧工場や天下堂デパート。右側には日本初のビヤホール、恵比寿ビヤホールも見える。人通りが多く、賑やかな通りである。

今 之風景

新橋や路面電車の姿はなくなり、頭上を首都高速道路が走る。通りも中央通りへと名称を変えた。現在は、オフィスビルなどの高層ビルが建ち並ぶが、都内でも有数の商業地であることは変わらない。

Close UP

博品館

関東大震災後、百貨店営業を中断していたが昭和 53 年（1978）より営業再開。世界最大の玩具店であり、劇場も備えるビルである。

今
之風景

現在は山手線や京浜東北線などが頻繁に行き交う。高架脇にあった外濠は埋め立てられ、瓦屋根の家々もオフィスビルなどに変わった。赤レンガの高架は当時と変わらず、今に雰囲気を伝えている。

Close UP

ガード下

赤レンガのガード下は飲食店などが立地を上手く利用して営業している。有楽町駅〜新橋駅間はお洒落な商業施設が集まる「日比谷 OKUROJI」。

02

昔
之風景

高架鉄道線

瓦屋根の家が建ち並ぶ中、2両編成の列車が高架線の上を走っていく。外濠に架かっていた数寄屋橋辺りから撮影された。右手奥に見えるひときわ大きい建物は帝国ホテル、高架を挟んで反対側に外濠が見える。

高架鉄道線。明治 40 年代撮影。高架は当時から赤レンガ造りで、複線でもあったことが分かる。国立国会図書館蔵

18

三田・麻布・赤坂

～坂道が伝える街の歴史～

建物の立ち並ぶ奥に、森のように赤坂御用地が見える。元紀州藩邸があったが皇室に献上され、一時は皇居として使われたこともあった。明治初期撮影。横浜開港資料館蔵

屋敷町の変遷に思いを馳せる

　江戸城の南から南西にかけての地域。川が台地を削り谷をつくったため坂が多く見られる。台地の上部には多くの大名屋敷や武家屋敷、寺社地が広がり、下部は町人地として小売商や職人の家が建ち並んでいた。江戸末期から、いくつかの寺社や大名屋敷は外国公使館として提供され、また屋敷地は明治に入ると赤坂離宮や華族の邸宅などに利用された。赤坂にあった溜池は埋め立てられ、柳橋や新橋に次ぐ花街として栄えていく。武家の町は、静かな屋敷町と華やかな街とが入り交じる地域へと次第に変化していったのである。

　外国公使館が集まっていた麻布には現在も各国大使館が多く、国道を一歩入れば高級住宅街の閑静な雰囲気に包まれる。一方で、商人の町であった麻布十番などは、お洒落な街として今も店が建ち並び、多くの人が買い物を楽しんでいる。三田にはオフィスビルや大

東京メトロ半蔵門線
- 永田町駅
- ↓ 2分
- P114 赤坂
- ↓ 地下鉄 17分 ＋ 徒歩 3分
- 01 永坂更科
- ↓ 15分
- 02 麻布三之橋付近
- ↓ 9分
- 03 三田綱坂
- ↓ 6分
- 04 三田大通り
- ↓ 6分
- 三田駅

都営三田線

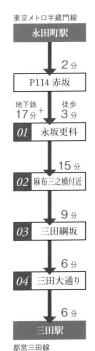

家はビルへと変わったが、建物の密集した様子は当時と変わらない

学が建ち並び、会社員と学生が混在して行き交う、賑やかな地域となっている。
　坂が多く、歩くには大変な地域でもあるが、その高低差からも街の歴史を感じることができるだろう。

「新撰東京名所図会」には、「更科といえば人皆麻布永坂の蕎麦店たるを知る。実に東京における一名物というべし」とある。東京の名物の一つとされた店である。明治10年頃撮影。日本カメラ博物館蔵

01

昔之風景

永坂更科

寛政元年（1789）に創業した更科蕎麦屋布屋太兵衛。明治半ばに創刊された「新撰東京名所図会」にも記され、写真にも収められていることから、当時から名店として知られていたことがうかがえる。

今之風景

道は交通量の多い国道へと姿を変え、当時をしのばせるものは何もなく、店のあった場所には本社ビルが建つ。店舗は麻布十番に移り、当時と同じ「信州更科蕎麦処」の看板が掲げられている。

Close UP

永坂更科布屋太兵衛

寛政の初めに創業した更科そば屋。更科そばの代名詞ともいえる「御前そば」を、約200年提供し続けている老舗である。

02

昔 之風景

麻布 三之橋付近

右に龍源寺、左に大和高取藩植村家下屋敷、そしてその間を流れる川の上に三之橋が架かる。やや弧を描く木橋。当時、この地域は草や背の高い木が生い茂り、蛇行する川の流れる静かな地域だった。

三之橋の架かる渋谷川沿岸には蛍が生息し、幕府に献上されたという。この写真に見える景色からも、自然豊かな美しい川であったことがうかがえる。フェリックス・ベアト撮影。横浜開港資料館蔵

中央を渋谷川（古川）が流れ、その先に三之橋がかかる。また、塔のある右の建物が龍源寺である。

Close UP

龍源寺

京都の花園妙心寺を本山とする禅寺。古写真に見える塔は現在はなくなっている。境内には、江戸33所観音24番、江戸東府観音20番札所の龍翔院観音堂もあり、落ち着いた雰囲気の寺である。

川の上を高速道路が、そして脇を国道が通り、車の騒音の激しい地域へと変貌した。蛇行する川はそのままであるが護岸工事が施され、当時の落ち着いた雰囲気はどこにも感じられない。

今 之風景

03

三田綱坂

昔 之風景

大名屋敷の建ち並ぶ三田綱坂の、島原藩松平家中屋敷前。4人の侍の姿が印象的である。右手に写る屋敷の跡地には、福沢諭吉により慶應義塾大学が開校された。

武家屋敷の長い板塀と羽織袴に帯刀した侍の姿。大名屋敷の建ち並ぶ地域であったことを伝える写真である。フェリックス・ベアト撮影。放送大学附属図書館蔵

右手に肥前島原藩松平家中屋敷がある。また、綱坂を上った先右手には伊予松山藩松平家の中屋敷がある。

今 之風景

現在、三田綱坂前には右手に慶應義塾大学、左手に慶應義塾大学中等部がある。道はコンクリートに変わったが、閑静な雰囲気の残る場所である。

Close UP

慶應義塾大学

安政5年(1858)、福沢諭吉により開校。福沢教育の基礎である「独立」や「実学」などの理念を大切にし、福沢の教えを継いだ学生を世に送り出し続けている。写真は旧図書館で、レンガ造りの雰囲気のある建物。

昔
之風景

04 三田大通り

慶應義塾大学の当時の表門前の通り。表門は、道から少し入ったところにあったためにこの写真には見えないが、旧島原藩邸の黒門が使われていた。左手に錦絵屋や煙草屋なども見え、多くの店が建ち並ぶ通りであった。

慶應義塾大学の当時の表門は、昭和８年（1933）に作られたカレッジソング『幻の門』により、俗に「幻の門」と呼ばれる。幻とされた由来は不明だが、様々な想いを馳せてみるのも面白い。明治20年代撮影。国立国会図書館蔵

今
之風景

現在は多くの車が行き交い、奥に見える東京タワーが印象的な国道である。当時の表門は現在は東門となり、赤レンガをイメージした、迫力ある東館が建つ。学生や会社員で賑わう通りである。

Close UP

福沢諭吉銅像

慶應義塾大学創設者であり、『学問のすゝめ』や一万円札の肖像としても有名な福沢諭吉。明治維新で活躍し、教育支援に力を尽くした。三田・日吉それぞれの大学キャンパス内に銅像が建つ。

19 品川
～風が運ぶ潮の香り～

品川停車場。明治時代撮影。明治５年（1872）９月の新橋～横浜間の鉄道開業に先立つ同年５月、品川～横浜間で仮運転が開始。品川駅は東京初の鉄道の駅として開業した。国立国会図書館蔵

JR 山手線
品川駅
↓ 6分
P120 品川
↓ 1分
01 海に面した品川の街
↓ 14分
02 品川橋
↓ 8分
03 品川汐干
↓ 電車 6分 ＋ 徒歩 17分
04 鈴ヶ森
↓ 8分
立会川駅
京浜急行本線

旧東海道第一の宿場
海の広がる品川

旧東海道第一の宿場町、品川。行き交う旅人が疲れを癒す宿場として、また潮干狩りの名所として多くの人が訪れる土地であった。明治時代に品川駅が完成して線路が通ると、駅舎建設や線路敷設に伴って海岸の埋め立てが進み、次第に海とまちは離れていく。現在、海岸線は遠く離れ、風が潮の香りをわずかに運んでくれるだけである。ビルが建ち並び、多くの車が国道を行き交う中、旧街道沿いだけが当時の雰囲気をわずかに感じさせてくれる。

現在はビル群の中を新幹線や山手線などが走り、海際であったことは想像もできない

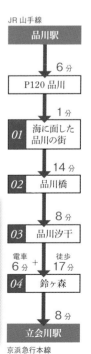

品川 MAP 1
P120 品川
01 海に面した品川の街
品川
東京中央卸売市場 食肉市場
港南二丁目
港区
楽水橋
高浜運河
東京海洋大学
港南四丁目
京浜運河
北品川一丁目
品川区
八ツ山橋
316
北品川
天王洲運河
東品川二丁目
天王洲アイル
JR山手線
JR東海道新幹線
天王洲橋
天王洲運河
天王洲アイル
480
品川女子学院中等高等部
台場小学校
北品川一丁目
東品川一丁目
317
316
品川女子学院
北品川
京浜急行電鉄本線
天王洲アイル
東品川郵便局
15
北品川三丁目
聖蹟公園
天王洲公園
りんかい線
品川本陣跡
北品川二丁目
316
首都高速1号
京浜運河
北品川三丁目
東海道北品川
品川学園
品川汐干 03
357
新馬場
品川消防署
荏原神社
316
418
東品川三丁目
東京モノレール羽田線
北品川二丁目
昭和橋
品川橋 02
目黒川
南品川四丁目
南品川一丁目
15
城南第二小学校
品川区
京浜急行電鉄本線

品川 MAP 2
JR東海道本線・京浜東北線
↑立会川駅に至る
大井六丁目
南大井四丁目
15
南大井一丁目
南大井五丁目
京浜急行電鉄本線
しながわ区民公園
鈴ヶ森小学校
しながわ水族館
04 鈴ヶ森
鈴ヶ森中学校
勝島二丁目
品川区
勝島三丁目
大井競馬場
鈴ヶ森刑場跡
南大井三丁目
南大井二丁目
南大井六丁目
勝島の海

01

昔 之風景

海に面した品川の街

品川宿の北端から見た品川のまち。写真右下から斜めに走る東海道沿いに家が建ち並ぶ様子や、遠浅の海がよく見える。この海は、鉄道敷設のために埋め立てが進んでいく。

海に面した品川の街。フェリックス・ベアト撮影。桟橋がいくつも見える。舟の停留する穏やかなこの場所には鉄道が敷設され、汽車の走る音が響く場所へと変わっていく。長崎大学附属図書館蔵

今 之風景

板葺の家はビル群、東海道は第一京浜国道、海は京浜急行の走る線路へとそれぞれ姿を変えた。時代の移り変わりがうかがえる。

Close UP

品川本陣跡

本陣とは、参勤交代をする諸侯の宿泊所として指定された家のこと。品川橋のほど近くにある。現在は聖蹟公園となっており、宿場町として栄えたことを伝える数少ない史跡となっている。

昔
之風景

02

品川橋

明治15年（1882）に石橋に架け替えられる前の木造の橋。南北品川を結び、東海道の往来に利用された。目黒川には多くの舟が停留し、職人の姿か桟橋にたたずむ人も見える。

品川橋。明治時代撮影。北の品川神社と南の荏原神社の祭礼の際の神輿がここで行き合ったことから行合橋とも呼ばれた。境橋、中の橋とも言われ、品川の人々に親しまれていたことがうかがえる。日本カメラ博物館蔵

今
之風景

趣のある木の橋は鋼橋へと姿を変えた。護岸も整備され、舟も姿を消した。しかし南北品川を結ぶ役割は変わらず、多くの人が行き交っている。

Close UP

荏原神社

目黒川をはさみ、南の天王社である荏原神社。弘化元年（1844）建造の社殿は彫刻も美しく、境内は森厳な雰囲気が感じられる。

03

昔
之風景

品川汐干

遠浅の品川の海は潮干狩りに格好の場所として知られ、明治時代の絵葉書の定番でもあった。潮干狩りを楽しむ人の後ろに、台場が影のように写っている。

品川汐干。明治時代撮影。浅草海苔の生産地としても有名であった品川。遠浅の海は潮干狩りに適していたが埋め立てもしやすく、江戸時代初期から次々と埋め立てられていった。国立国会図書館蔵

左手奥に台場が写る。また、写真の奥に東京湾岸の陸地が続いているのが、うっすらとではあるが見ることが出来る。

今
之風景

現在は埋め立てが進み海岸線の位置も変わり、潮干狩りを楽しむことは出来ない。同じ場所には天王洲公園があり、オフィス街の中で海風を感じられる癒しの場となっている。台場のあった位置には天王洲アイル駅やシーフォートスクエアが建つ。

Close UP

錦絵「品川汐干狩」

江戸時代からの潮干狩りの名所として知られ、錦絵にも描かれた品川。子どもも交えて楽しげに貝を採っている様子が見える。

広重「江戸名所　品川汐干狩」
東京都立中央図書館特別文庫室蔵

今
之風景

現在、海は埋め立てられて大井競馬場やしながわ区民公園などになり、道沿いには多くの家や商店が建ち並ぶ閑静な住宅街となっている。

Close UP

鈴ヶ森刑場跡

大経寺境内に看板が立つ。裏の木陰には火炙り用の礎石や磔台、受刑者の墓等がひっそりとたたずんでおり、昼間でも暗く湿った雰囲気が感じられる。

昔
之風景

04

鈴ヶ森

海岸沿いの道を人力車が通っていく様子。明治４年（1871）まで処刑場が近くにあったこの付近には家一つなく、海風の吹き付ける寂しい場所であったことがうなずける。

鈴ヶ森。明治時代撮影。人力車の通る寂しい道。宿場を一歩外れると家一つ無い道が続く。東京湾岸を南に下った現在の大田区の辺りまで、うっすらと見えている。国立国会図書館蔵

索引一覧

た

竹屋の渡し…… 83
巽櫓…… 46
田安門…… 50
千鳥ヶ淵…… 51
長命寺桜もち…… 84
佃大橋…… 37
佃島…… 37
佃の渡し…… 36
帝国劇場…… 31
帝国生命保険株式会社…… 21
逓信省…… 27
東海銀行…… 20
東京火災保険株式会社…… 18
東京国立博物館…… 94
東京証券取引所…… 13
東京都水道歴史館…… 68
徳川将軍家墓所…… 109

な

永坂更科…… 116
永坂更科布屋太兵衛…… 116
ニコライ堂…… 69
西の丸御殿…… 45
日本銀行…… 10

は

博品館…… 112
蓮池巽櫓…… 46
馬場先門外…… 30
浜町公園…… 101
浜離宮…… 104
聖橋…… 69
日比谷公園…… 32
日比谷公園第一花壇…… 32
瓢箪池…… 77
福沢諭吉銅像…… 119
富士見櫓…… 45
ボードワン博士像…… 92
堀切駅…… 85

ま

枕橋…… 82
万世橋…… 63
万世橋駅…… 60・64
三田大通り…… 119
三田綱坂…… 118
三菱一号館美術館…… 30
三宅坂…… 52
向島百花園…… 84
明治座…… 15
目鏡橋…… 62
ももんじや…… 88

や

靖國神社…… 42
柳橋…… 100
ヤン･ヨーステン記念像…… 21
四谷見附…… 53
読売新聞日就社…… 24

ら

龍源寺…… 117
凌雲閣…… 77
両国橋…… 88・100
両国百本杭…… 89
両国広小路…… 100
鹿鳴館…… 33

わ

和田倉噴水公園…… 47
和田倉門…… 47

あ

浅草公園第六区 …… 76

浅草十二階 ………… 77

浅草花やしき ……… 76

愛宕神社 …………… 107

愛宕塔 ……………… 106

愛宕山 ……… 102・107

吾妻橋 ……………… 98

天野屋 ……………… 59

石川島造船所 ……… 36

上野公園 …………… 94

上野東照宮 ………… 95

上野動物園 ………… 95

魚河岸 ……………… 11

牛ヶ淵 ……………… 50

牛嶋神社 …………… 82

厩橋 ………………… 99

英国大使館 ………… 51

江戸神社 …………… 58

江戸東京博物館 …… 89

江戸橋 ……………… 12

荏原神社 …………… 123

鷲神社 ……………… 78

小川町通り ………… 57

お茶の水橋 ………… 68

か

海軍軍医学校跡 …… 39

海軍参考館 ………… 38

海軍大学校 ………… 39

海軍兵学寮跡 ……… 39

鐘淵紡績 …………… 85

歌舞伎座 …………… 26

雷門 ………………… 74

神田上水懸樋 ……… 70

神田千代田町 ……… 56

神田の家 …………… 56

神田明神 …………… 58

神田郵便局 ………… 64

旧法務省本館 ……… 52

清水観音堂 ………… 93

銀座通り ……… 25・112

九段坂 ……………… 42

慶應義塾大学 ……… 118

警視庁 ……………… 31

検査業務開始の地… 27

小石川後楽園 ……… 71

五重塔 ……………… 75

国会議事堂 ………… 44

呉服橋 ……………… 19

駒形橋 ……………… 99

さ

西郷隆盛銅像 ……… 92

桜田濠 ……………… 43

桜田門 ……………… 43

三之橋 ……………… 117

山谷堀公園 ………… 79

品川橋 ……………… 123

品川本陣跡 ………… 122

不忍池辯才天 ……… 93

司法省 ……………… 52

将軍お上がり場 …… 104

昌平橋 ……………… 65

昌平橋駅跡 ………… 65

新大橋 ……………… 101

新橋 ………………… 112

新吉原 ……………… 79

水天宮 ……………… 14

水道橋 ……………… 71

鈴ヶ森 ……………… 125

鈴ヶ森刑場跡 ……… 125

浅草寺 ……………… 74

増上寺 ……………… 109

増上寺三解脱門 …… 108

「江戸楽」編集部

取材・撮影・本文
堀内貴栄　糸岡佑利子　尾花知美　宮本 翼

デザイン・DTP
KAJIRUSHI

古写真を見て歩く
江戸・東京　歴史探訪ガイド 改訂版

2021年4月20日　第1版・第1刷発行

著　者　「江戸楽」編集部（えどがくへんしゅうぶ）
発行者　株式会社メイツユニバーサルコンテンツ
　　　　代表者　三渡　治
　　　　〒102-0093 東京都千代田区平河町一丁目1-8
印　刷　株式会社厚徳社

◎『メイツ出版』は当社の商標です。

ISBN978-4-7804-2456-0 C 2026 Printed in Japan.

ご意見・ご感想はホームページから承っております
ウェブサイト　https://www.mates-publishing.co.jp/

編集長：折居かおる　　副編集長：堀明研斗　　企画担当：大羽孝志／千代 寧

※本書は2012年発行の『古写真を見て歩く 江戸・東京 歴史探訪ガイド』を元に加筆・修正を行っています。